eXamen.press

eXamen.press ist eine Reihe, die Theorie und Praxis aus allen Bereichen der Informatik für die Hochschulausbildung vermittelt.

Michael Unterstein · Günter Matthiessen

Anwendungsentwicklung mit Datenbanken

5. Auflage

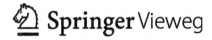

Springer Vieweg

Michael Unterstein
Bremen, Deutschland

Günter Matthiessen
Bremerhaven, Deutschland

ISSN 1614-5216
ISBN 978-3-642-39002-9   ISBN 978-3-642-39003-6   (eBook)
DOI 10.1007/978-3-642-39003-6

Die Vorauflage erschien 2007 bei Addison Wesley.

Die Deutsche Nationalbibliothek verzeichnet diese Publikation in der Deutschen Nationalbibliografie; detaillierte bibliografische Daten sind im Internet über http://dnb.d-nb.de abrufbar.

Springer Vieweg
© Springer-Verlag Berlin Heidelberg 2013

Gedruckt auf säurefreiem und chlorfrei gebleichtem Papier

Springer Vieweg ist eine Marke von Springer DE. Springer DE ist Teil der Fachverlagsgruppe Springer Science+Business Media
www.springer-vieweg.de

Vorwort

Mit dem vorliegenden Band setzen wir inhaltlich auf den Grundlagen auf, die wir in unserem Werk „Relationale Datenbanken und SQL in Theorie und Praxis", 5. Auflage 2012 gelegt haben. Die Aufteilung des früher in einem Band zusammengefassten Stoffs auf zwei Bücher verdankt sich der Überlegung, dass der vorwiegende Einsatz des Buchs im Bereich von Bachelor- und Masterstudiengängen der angewandten Informatik an Hochschulen liegt, sodass die Aufteilung der Unterscheidung in Grundvorlesungen und aufbauende Veranstaltungen folgt.

Der Schwerpunkt des vorliegenden Werks liegt in der Entwicklung von Anwendungen auf Basis von relationalen Datenbanken. Die Anwendungsentwicklung ist jedoch ein weites Feld – es reicht von der Programmierung grundlegender Datenoperationen bis hin zur Gestaltung der Benutzeroberfläche für verschiedene Arten von Endgeräten wie Desktop-Rechner, Tablets oder Smartphones. Auch der Entwurf von Datenstrukturen und Programmabläufen gehört thematisch dazu. Die Menge verfügbarer Implementierungstechniken und Programmiersprachen bietet eine schier unübersehbare Vielfalt, last not least kommen Entwicklungsumgebungen verschiedenster Art zum Einsatz, welche Programme oder Teile davon aufgrund von beispielsweise grafischen Entwurfskonstrukten generieren können.

Wir versuchen nicht erst, die ganze Thematik der Anwendungsentwicklung abzudecken und konzentrieren uns auf Inhalte, die wir bei der Entwicklung von Anwendungen mit Datenbanken für essenziell und wesentlich halten, egal für welche Plattformen und welche Anwendungsbereiche entwickelt wird. Ein gewisses Zentrum bildet hierbei, wie auch schon im ersten Band die Sicherstellung der Datenintegrität, ohne die auch die schönste Benutzeroberfläche nichts wert ist. Letztere kommt in diesem Buch gar nicht vor.

Wie möchten dem Leser Erklärung und Beispiele zu folgenden Themen anbieten. Kapitel 1 beschäftigt sich mit den Aufgaben der Datenbankmaschine, wie sie in jeder Anwendungsumgebung zu leisten sind. Es dient dem Verständnis dessen, dass die Daten ein stabiles und verlässliches Fundament jeder Anwendung sein sollten und soll darüber auch ein wenig dafür werben, sich mit der Datenintegrität gründlich auseinanderzusetzen, auch wenn der Endanwender von dieser Mühe kaum etwas mitbekommt – er bekommt aber schnell mit, wenn sich die Entwickler dieser Mühe nicht unterzogen haben. Im zweiten Kapitel behandeln wir Transaktionen. Probleme der nebenläufigen Änderung und Auswertung von Daten werden an Beispielen vorgestellt und Instrumente zum Umgang damit werden erklärt. Der Anwendungsentwickler bekommt Hinweise, mit welchen Problemen er (sie natürlich auch) zu rechnen hat, und wie sie zu bewältigen sind. Kapitel 3 ist den Zugriffsrechten und Rollen gewidmet, da bei der Entwicklung von größeren Anwendungen im betrieblichen Umfeld Fragen des lesenden und schreibenden Datenzugangs für bestimmte Benutzerkreise zu behandeln sind. Kapitel 4 setzt sich mit prozeduralen Konzepten in SQL auseinander. Stored Procedures und Trigger werden dort besprochen, unter dem Aspekt, wie bestimmte wichtige, zusammenhängende Datenoperationen auf sichere Weise in der Datenbank implementiert werden können, sodass sie jeglichen Benutzerprogrammen zur Verfügung stehen und dort nicht jeweils neu implementiert werden müssen. Im Kap. 5 widmen wir uns dem Datenbankentwurf mit UML. Bewusst haben wir auch hier eine Beschränkung auf Klassendiagramme vorgenommen, auch wenn es bedeutende Diagrammtypen wie Anwendungsfalldiagramme, Sequenzdiagramme etc. gibt, die beim Entwurf von Anwendungen auch genutzt werden sollten. Die Erklärung der ganzen Vielfalt der UML überlassen wir aber der Spezialliteratur zu diesem Thema. Wenn es um Programmiersprachen geht, spielt Java nach wie vor eine gewichtige Rolle. Das grundlegende Instrument zur Realisierung von Datenbankzugriffen aus Java-Programmen heraus ist JDBC (Java Database Connection). Wir haben Kap. 6 der Erklärung von Datenbankprogrammierung mit Java gewidmet und zeigen anhand eines durchgehenden Beispiels, wie man es macht. Kapitel 7 behandelt die Verwaltung von Metadaten durch die Datenbank selbst und erläutert den Systemkatalog als stets präsentes und verfügbares Instrument, das dem Anwendungsentwickler (und auch den Anwendern) Aufklärung über die Strukturen (Tabellen, Attribute, etc.) seiner Datenbank gibt. Kapitel 8 hat objektrelationale Erweiterungen des relationalen Datenmodells zum Inhalt und zeigt anhand von Oracle, wie man mit diesen erweiterten Möglichkeiten eine Datenbank gestalten kann. Auch die Dokumentation der damit untrennbar verbundenen Vielfalt an Datentypen in ihrer wechselseitigen Abhängigkeit kommt dabei zur Sprache – wir trauen uns sogar, Vorschläge für ein gesondertes objektrelationales Datentypenmodell zu machen.

Soweit unser Programm. Wer dieses Vorwort vor dem Kauf des Buchs liest, weiß nunmehr, was er erwarten darf –kann es also auch ggf. enttäuscht wieder zurücklegen, weil er etwas Anderes sucht und sich die Ausgabe sparen. Allen Lesern wünschen wir Erfolg und Freude mit diesem Werk. Kritik und Anregungen sind gern willkommen. Wir danken Frau Glaunsinger und Herrn Engesser für die verlagsseitige Betreuung und Unterstützung.

Bremerhaven und Bremen, August 2013

Inhaltsverzeichnis

Datenbankmaschine und Architektur von Datenbank-Anwendungen

Eine Datenbank ist nicht nur eine Sammlung von Daten. Die Daten liegen strukturiert vor und unterliegen gewissen Konsistenzbedingungen (z. B. eindeutige Schlüssel, Fremdschlüssel auf andere Tabellen, CHECK-Klauseln). Daneben stehen Datenbanken üblicherweise mehreren Nutzern mit unterschiedlichen Zugriffsrechten zu, die ggf. gleichzeitig auf die Daten lesend und ändernd zugreifen.

Im Sprachgebrauch der Informatik verstehen wir unter einer „Datenbankmaschine" das Programm, das die unmittelbaren Aufgaben der Datenverwaltung und des Datenzugriffs vornimmt. Ein Anwendungsprogramm kommuniziert mit der Datenbankmaschine und bedient sich ihrer Leistung.

In diesem Kapitel beschreiben wir in einem ersten Abschnitt die Aufgaben der Datenbankmaschine. In einem weiteren Abschnitt beschreiben wir die unterschiedlichen Ansätze, wie das Anwenderprogramm mit der Datenbankmaschine zusammenarbeitet.

1.1 Aufgaben einer Datenbankmaschine

Als erstes Betrachten wir die unterschiedlichen Aufgaben einer Datenbankmaschine.

- **Datenintegration:**
  Alle Daten werden entsprechend dem Datenmodell verwaltet. Im Fall des relationalen[1] Datenmodells werden alle Daten als Tupel in Relationen dargestellt, die durch das Datenbankschema beschrieben worden sind. Auch die Metadaten im Systemkatalog[2] werden relational dargestellt.

---

[1] Es gibt neben dem relationalen Datenmodell noch andere Datenmodelle, z. B. das objektorientierte Datenmodell, die wir aber im Folgenden nicht betrachten, vgl. hierzu Kap. 8.

[2] Dieses behandeln wir im Kap. 7.

M. Unterstein und G. Matthiessen, *Anwendungsentwicklung mit Datenbanken*, eXamen.press, DOI: 10.1007/978-3-642-39003-6_1, © Springer-Verlag Berlin Heidelberg 2013

- **Abfragesprache:**
Die Datenbank stellt eine Datenmanipulations- und Abfragesprache zur Verfügung, mit denen der Benutzer die Daten eingeben, abfragen, ändern und löschen kann.

- **Schema-Verwaltung:**
Das Datenbankschema wird in einem Systemkatalog verwaltet. Dazu gibt es eine Sprache zum Anlegen und Ändern des Schemas. Es ist weiterhin möglich, die Schemadaten ähnlich wie normale Daten zu lesen.[3]

- **Mehrbenutzerbetrieb:**
Eine Datenbank kann von mehreren Benutzern gleichzeitig benutzt werden. Transaktionen von mehreren gleichzeitig arbeitenden Benutzern werden synchronisiert. Nebenläufige Zugriffe auf dieselben Tupel sind so zu organisieren, dass sich keine Überschneidungen ergeben und die Änderungen der Datenbank-Zustände so erfolgen, als ob sie streng sequentiell erfolgen.[4]

- **Konsistenz-Erhaltung:**
Im Datenbankschema sind Konstrukte enthalten, mit denen Bedingungen beschrieben werden können, die die Daten erfüllen müssen. Hierzu gehören z. B. Schlüssel, Fremdschlüssel, CHECK-Bedingungen an einzelne Datensätze. Das Datenbanksystem garantiert dann zur Laufzeit die Einhaltung dieser Konsistenzbedingungen („*Constraints*").[5]

- **Datenschutz:**
Für die Datenbank können verschiedene Benutzerklassen angelegt werden. Für jede Benutzerklasse ist festzulegen, für welche Originaldaten sie welche Operationen ausführen darf. Daneben können Datensichten und Datenbank-Prozeduren definiert werden, mit deren Hilfe man die Zugriffsrechte der einzelnen Benutzerklassen noch granularer definieren kann.

- **Transaktionen:**
Folgen von Datenänderungs-Anweisungen können zu atomaren Einheiten zusammengefasst werden. Das Datenbanksystem garantiert, dass eine solche atomare Einheit entweder vollständig oder gar nicht ausgeführt wird. Im zweiten Fall sind die betroffenen Tupel in den Zustand vor Beginn der Ausführung der Transaktion zurückzusetzen. Das gilt auch für Systemausfälle des Datenbanksystems. Aber auch Abfragen können zu Transaktionen zusammen gefasst werden. Es wird ist dann durch den Isolation Level[6] festgelegt, welche Datenänderungen während der Ausführung der Abfragen toleriert werden können.

---

[3] Thema in Kap. 7.
[4] Transaktionen behandeln wir in Kap. 2.
[5] Dieses Thema behandeln wir ausführlich im ersten Band [UnMa12].
[6] Wird in Kap. 2 behandelt.

- **Datensicherung:**
  Die Daten werden auch nach teilweisen Systemausfällen, z. B. durch Ausfall von Datenträgern oder ganzen Servern, wieder in einen konsistenten Zustand überführt. Dieses Rücksetzen ist durch entsprechende Werkzeuge zu unterstützen.

1.2   Bearbeitung von Abfrageanweisungen

Entsprechend den o.g. Aufgaben beschreiben wir schematisch, was bei der Bearbeitung einer Aufgabe (Datenänderung oder Abfrage) in der Datenbankmaschine abläuft. DDL-Anweisungen, also Anweisungen, mit denen das Datenbankschema zu ändern ist, fallen nur teilweise in das folgende Schema.[7]

1.2.1   Syntaktische und semantische Analyse der Abfrage

Eine Anfrage, die in Textform vorliegt, muss zunächst analysiert werden. Dieses geschieht in mehreren Schritten.

Als erstes erfolgt eine rein *syntaktische Analyse*. Dabei werden vorhandene Fehler entdeckt und führen dazu, dass die Anweisung nicht weiter bearbeitet wird. Dieses können lexikalische Fehler sein wie z. B. wenn man `SELEKT` statt `SELECT` schreibt. Aber auch fehlende oder überflüssige Kommata fallen in diese Kategorie wie bei

```
SELECT name, vorname, FROM kunde
oder
SELECT name vorname strasse FROM kunde[8]
```

Anschließend erfolgt eine *semantische Analyse*. Dabei werden die in der Anweisung vorkommenden Bezeichnungen von Datenbankobjekten (z. B. Bezeichnungen von Tabellen, Spalten, Datensichten) daraufhin überprüft, ob sie in der Datenbank vorhanden sind.

Wenn keine syntaktischen und semantischen Fehler aufgetreten sind, wird die Abfrage in einer symbolischen Form (bei SELECT-Anweisungen als Ausdruck der Relationenalgebra[9]) gespeichert.

---

[7] Eine vertiefte Darstellung findet sich zum Beispiel in [Satt07].

[8] Es können aber auch syntaktisch richtige Abfragen fehlerhaft sein, d. h. die Bedeutung ist eine andere als die vorgesehene. Beispiel:

`SELECT DISTINCT plz ort FROM kunde`

Die Interpretation des Fehlers überlassen wir dem Leser – ggf. die Anweisung in Ihrem Datenbanksystem ausführen lassen und das Ergebnis analysieren.

[9] Vgl. hierzu z. B. [UnMa12, Kap. 5 und 7].

1.2.2 Autorisierungskontrolle

Bevor die Anweisung ausgeführt werden kann, überprüft das Datenbanksystem, ob der Benutzer, der die Abfrage an die Datenbank gestellt hat, die notwendigen Rechte besitzt, um die entsprechenden Operationen auszuführen.[10]

1.2.3 Daten-Änderung mit Konsistenzbedingungen

Wenn die Anweisung eine Daten-Änderungsanweisung ist (also z. B. INSERT, UPDATE, DELETE), muss das Datenbanksystem prüfen, ob es für die zu ändernden Daten Konsistenzbedingungen gibt. Diese Konsistenzbedingungen sind in dem Ausführungsplan zu vermerken und vor oder nach der Ausführung zu überprüfen. Bei Verletzung wird die Änderung nicht durchgeführt und es führt zu einer Ausnahme-Behandlung.

1.2.4 Erstellung des Ausführungsplans

Bei Daten-Anfragen sind keine Konsistenzbedingungen zu beachten – schließlich sollen keine Daten geändert werden. Dagegen gibt es für eine gegebene Anfrage in der Regel mehrere Möglichkeiten, diese auszuführen.

So kann bei einer einfachen Selektion immer ein vollständiger Durchlauf durch die Tabelle (*table scan*) durchgeführt werden; hierzu werden alle Tupel in der Reihenfolge, in der sie im Speicher abgelegt sind, ausgelesen und für jedes Tupel wird ausgewertet, ob es die Selektionsbedingung erfüllt. Wenn dagegen in der Selektionsbedingung eine Spalte benutzt wird, auf der ein *Index* liegt, kann es unter Umständen günstiger sein, direkt diesen Index zur Ausführung der Anfrage heranzuziehen. Hier müssen wir die Art des Index unterscheiden: bei einem Hash-Index ist nur die direkte Abfrage auf Gleichheit schneller; bei einem sortierten Index (z. B. ein B-Baum oder B*-Baum) dagegen können auch Bereichsabfragen schneller behandelt werden, wie in

```
… WHERE listenpreis BETWEEN 2.00 AND 3.0 oder
… WHERE plz LIKE '275%'
```

Es gibt noch andere Indexarten, z. B. für geographische Daten, die in Abfragen, die sich auf die Entfernung zu einem Ort beziehen, herangezogen werden können.

Eine weitere Aufgabe ist die relationale Projektion, d. h. SELECT DISTINCT. Auch hier kann in einigen Fällen die Benutzung eines Index die Ausführung der Abfrage beschleunigen. Ähnliches gilt für die GROUP BY-Klausel.

---

[10] Näheres hierzu in Kap. 3.

Wie die Abfrage konkret ausgeführt werden soll, legt der Abfrage-Optimierer (*query optimizer*) in einem Ausführungsplan fest. Dem Abfrage-Optimierer stehen neben den Angaben des Datenbank-Schemas im Systemkatalog – einschließlich der Angaben über vorhandene Indexe – weitere statistische Angaben zur Verfügung, z. B. die Größe der Relation, also die Anzahl der Tupel; ggf. weitere Angaben zu einzelnen Spalten (z. B. wie viele verschiedene Eintragungen hat die Spalte *plz* oder die Spalte *ort*).

Neben Abfragen, die sich auf eine einzelne Relation beziehen, spielen die verschiedenen Arten des Verbundes eine große Rolle: innerer Verbund, äußerer Verbund und Kreuzprodukt. Grundsätzlich kann jeder Verbund durch eine geschachtelte Schleife (*nested loop*) abgearbeitet werden: hierzu werden alle Tupel der einen Relation durchlaufen und für jedes Tupel alle Tupel der anderen Relation durchlaufen und getestet, ob diese Kombination die Bedingungen erfüllt. Dieses ist aber relativ zeitaufwändig: die Anzahl der Tupel-Zugriffe ist m*n, wenn m und n die Anzahl der Tupel der beiden Relationen sind. Wenn auf den Verknüpfungsattributen Indexe vorhanden sind, kann man die Indexe gemeinsam (z. B. aufsteigend) durchlaufen und muss dann nur die Tupel holen, wo es einen gemeinsamen Index gibt. Dieser Durchlauf hat dann nur eine Größenordnung von $n' + m'$ Zugriffen im Index, wobei n' und m' die Anzahl der Indexeinträge für diese Spalte ist; dazu können aber noch jeweils mehrere Tupel-Zugriffe kommen, wenn ein Index-Wert auf mehrere Tupel zeigt.

Weiterhin sind die Mengen-Operatoren UNION, INTERSECT und EXCEPT zu behandeln.

Als letztes bleibt noch das Problem, dass bei einem Verbund von mehr als zwei Relationen noch die Reihenfolge der Verarbeitung festzulegen ist, und jeweils die Entscheidung, ob Selektionen jeweils vor oder nach einem Verbund durchzuführen sind.

Die Entscheidungen, die der Abfrage-Optimierer zu treffen hat, sind also recht komplex. Unterschiedliche Datenbanksysteme haben unterschiedlich starke Abfrageoptimierer; dies hat eine sehr starke Auswirkung auf den Gesamt-Durchsatz der Datenbankmaschine. Der Benutzer hat in der Regel nur wenige Möglichkeiten, auf die Erstellung des Ausführungsplans Einfluss zu nehmen – manchmal hat die Reihenfolge der Tabellen in der Formulierung der SELECT-Anweisung Auswirkungen auf die Effizienz der Abfrage. Hiermit kann man sich intensiver auseinandersetzen, wenn man ein bestimmtes System im Einsatz hat und einige komplexe Abfragen viel Zeit in Anspruch nehmen.

1.2.5   Transaktionsverarbeitung

Wenn die Ausführungspläne verarbeitet werden, muss das Datenbanksystem bei Datenänderungen sicher stellen, dass parallele Datenbankzugriffe sich nicht in unzulässiger Weise beeinflussen. Ebenso sind bei lesenden Transaktionen die Isolation Level einzuhalten.

Dies ist die Aufgabe des Transaktions-Managers.

1.2.6   Speicherverwaltung

Die Datenbank wird persistent auf einem externen Datenspeicher – üblicherweise Festplatte – gehalten. Die Daten müssen zur Verarbeitung im Hauptspeicher zur Verfügung stehen.

Im einfachsten Fall kann man dazu die Pufferverwaltung des Betriebssystems verwenden. Da aber für komplexe Suchvorgänge bestimmte Daten mehrfach benötigt werden, ist es wichtig, möglichst viele Daten im Hauptspeicher zu halten.

Der Hauptspeicher hat inzwischen Größenordnungen, die die Größe einzelner Blöcke (Größenordnung 4 bis 64 Kb) bei weitem überschreiten. Daher können relativ große Datenbereiche im Hauptspeicher gehalten werden. Wenn der Platz im Hauptspeicher knapp wird, muss die Speicherverwaltung entscheiden, welche Datenbereiche freigegeben werden. Es gibt hier verschiedene Strategien: z. B. *least recently used* (welche Daten sind am längsten nicht benutzt worden) oder *least frequently used* (welche Daten sind am wenigsten genutzt worden) und Kombinationen davon.

1.2.7   Das Recovery-Management

Es gibt drei Situationen, bei denen Änderungen an der Datenbank rückgängig gemacht werden müssen:

- eine Transaktion wird mit ROLLBACK beendet,
- eine Transaktion ist zurückzufahren, da ein geordnetes Ende wegen gegenseitiger Blockaden von mehreren Transaktionen (sog. *dead lock*) nicht möglich ist,
- die Datenbankmaschine wird durch einen Systemfehler beendet und muss – nach Behebung des Fehlers – wieder neu angefahren werden.

Der Recovery-Manager hat sicher zu stellen, dass beim Rollback einer Transaktion die in der Transaktion geänderten Daten auf den Zustand vor dem Beginn der Transaktion wieder hergestellt werden.

1.2.8   Führung der Logdatei und Durchführung von Totalsicherungen

Zum Zweck des Recovery-Managements wird für jede Datenbank eine Logdatei[11] benötigt. Dieses ist eine sequentielle Datei, die für jede Änderung an der Datenbank ein

---

[11] Der Name kommt aus der Seefahrt, wo für alle Ereignisse einer Schifffahrt in einem Logbuch zu verzeichnen sind. Das Logbuch wird chronologisch geführt und ist nicht zur Veröffentlichung bestimmt, sondern dient in erster Linie zum Nachweis der ordentlichen Schiffsführung, z. B. nach einer Havarie.

Before-Image (für UPDATE und DELETE) und ein After-Image oder die Angabe der Anweisung (für INSERT und UPDATE), außerdem jeweils den Start und das Ende einer Transaktion enthält.

Die Logbuch-Datei ist in jedem Fall außerhalb der Datenbank anzulegen. Sie sollte aber auf demselben Host wie die Datenbank liegen, da beim Rückrollen einer Transaktion die Daten unmittelbar zur Verfügung stehen müssen.

Außerdem muss das Datenbanksystem die Möglichkeit bieten, Totalsicherungen der Datenbank anzulegen. Dieses erfolgt entweder zeitgesteuert (wöchentlich, täglich, stündlich) oder ereignisgesteuert (z. B. wenn eine bestimmte Anzahl von Datensätzen geändert worden ist oder wenn ein bestimmter Datenbank-Zustand erreicht wird).

Üblicherweise wird noch eine Spiegel-Logdatei auf einem entfernten Host geführt. Wenn der Host durch eine Katastrophe vollständig zerstört wird – oder nur die entsprechende Platte, kann aus der letzten Totalsicherung und der Logdatei der letzten konsistente Zustand vor dem Systemzusammenbruch wieder hergestellt werden.

1.3   Betriebsmodi von Datenbanken

Eine Datenbankmaschine ist ein eigenständiges Programm. Üblicherweise läuft dieses Programm als eigener Prozess auf einem Host. Der Host ist der Rechner, auf dem der Datenbankprozess läuft. Wenn es derselbe Rechner ist, auf dem auch die Anwendung läuft, wird dieser Host als *localhost* bezeichnet.

1.3.1   Die Datenbankdatei

Den Speicherbereich, in dem die Daten einer Datenbank abgelegt sind, bezeichnen wir als *Datenbankdatei*. Dieses kann eine normale Datei des Betriebssystems sein. Sie kann dann in aller Regel auch mit Kommandos oder Tools des Betriebssystems gelöscht, kopiert oder verschoben werden.[12] Bei vielen Systemen ist es auch möglich, die Daten auf mehrere Dateien des Betriebssystems zu verteilen.[13] Auch in diesem Fall sprechen wir im Folgenden von der Datenbankdatei. Diese Datei kann dann auch (über externen Datenträger oder DFÜ) auf einen anderen Rechner kopiert werden und ist dort sofort als Datenbank wieder einsetzbar. Das klappt sogar über Betriebssystemgrenzen hinweg (z. B. Windows, Unix und Linux, Mac OS). Damit ist es auch relativ einfach, eine vollständige Anwendung mit allen Daten von einem Rechner auf einen anderen zu portieren.

---

[12] Diese Art der Speicherung wird unter anderem von SQL Anywhere, H2, HSQLDB, SQLite, Firebird verwendet.

[13] So können zum Beispiel die Daten verschiedener Tabellen auf verschiedene Platten verteilt werden. Dadurch kann in der Regel der Datenbank-Zugriff beschleunigt werden.

Früher war es auch noch üblich, dass die Daten einer Datenbank auf mehrere Dateien des Betriebssystems verteilt waren – z. B. pro Tabelle eine oder zwei[14] Dateien.[15]

Bei größeren Datenbanksystemen ist es jedoch üblich, dass die Daten in einem speziellen Speicherbereich verwaltet werden, wo ein Zugriff durch das Betriebssystem nicht ohne weiteres möglich ist. Der einfachere Fall ist, dass die Daten auf einem (oder mehreren) Unterverzeichnissen abgelegt sind, wo nur das Datenbanksystem Zugriffsrechte hat. Die stärkste Integration in das Datenbanksystem haben die Daten auf sog. *raw devices*. Da werden die Daten auf eine Partition einer Platte geschrieben, die nicht vom Betriebssystem, sondern vom Datenbanksystem vollständig verwaltet wird.[16]

Die Datenbankdatei ist in der Regel auf demselben Host wie die Datenbankmaschine.

Grundsätzlich kann nur ein Prozess gleichzeitig auf die Datenbankdatei zugreifen. Dieses kann ein Server-Prozess sein, der dann mehrere Sitzungen gleichzeitig bedienen kann, oder ein Prozess, der exklusiv auf eine eingebettete Datenbank zugreift.

Bei verteilten Datenbanken ist das etwas komplexer, und es gibt dort unterschiedliche Strategien der Koordination der einzelnen Hosts. Dies behandeln wir nicht.

Der klassische Betriebsmodus von Anwenderprogramm und Datenbankmaschine ist der Client/Server-Betrieb, wo das Anwendungsprogramm und der Server getrennte Prozesse sind, die miteinander kommunizieren. Es gab aber auch schon immer kleinere Datenbanksysteme,[17] bei denen die Anwendungsprogrammierung und der Datenbankzugriff in einem Prozess laufen. Bei neueren DBMS haben wir häufig mehrere Möglichkeiten – je nach Anzahl der parallelen Benutzer, der Komplexität der Anfragen und anderer Kriterien.

Wir werden im Folgenden einige dieser Betriebsmodi näher beschreiben – wobei wir uns auf SQL-Datenbanken beschränken.

1.3.2　Datenbank im Client/Server-Betrieb

Dieses ist die klassische Architektur (Abb. 1.1). Die Datenbankmaschine läuft auf einem Host in einem eigenen Prozess; dieser Prozess wird als *Server-Prozess* oder kurz als *Server*[18] bezeichnet.

Damit ein Benutzer sich als Client mit einem Server verbinden kann, muss dieser als Serverprozess gestartet sein. Es gibt mehrere Möglichkeiten, einen Server zu starten:

---

[14]　Auf der zweiten Datei befand sich dann ein Index für den Primärschlüssel.

[15]　Dieses wurde z. B. von den Systemen dBASE und Paradox, angewandt. Heute aber auch noch bei Informix-SE.

[16]　Dieses wird z. B. von Oracle, IBM DB2 und SAP MaxDB unterstützt.

[17]　Zum Beispiel dBASE in 1980-er Jahren oder MS Access und Paradox in den 1990-er Jahren.

[18]　Sprachlich ungenau wird manchmal der Host, auf dem der Server läuft, als Server bezeichnet.

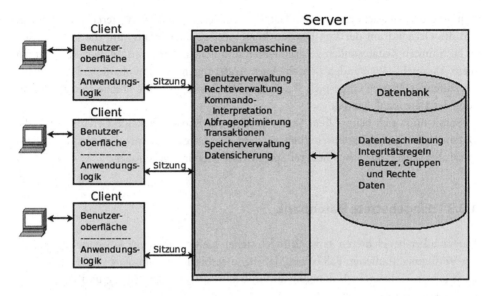

Abb. 1.1 Datenbank im Client/Server-Betrieb

- **manuell:**
  Ein entsprechend privilegierter Benutzer startet den Prozess auf dem Host.
- **automatisch:**
  Der Prozess wird beim Hochfahren des Rechners gestartet.
- **als Service:**
  Der Prozess wird – automatisch oder manuell – gestartet und ist auf dem Host auch erreichbar, wenn auf ihm kein Benutzer angemeldet ist. Dieses ist der übliche Modus bei größeren Datenbankanwendungen; andere Anwendungen sollen nicht gleichzeitig die Ressourcen blockieren.
- **vom Anwenderprogramm:**
  Dieses ist sinnvoll, wenn die Datenbank nur sporadisch genutzt wird.

Wenn der Server gestartet wird, ist auch noch festzulegen, von welchen Host auf den Server zugegriffen werden darf. Üblicherweise erfolgt die Kommunikation mit dem Server über die tcp/ip-Schnittstelle. Es können damit bestimmte Client-Arbeitsrechner zugelassen oder ausgeschlossen werden. Auch über die Firewall ist zu regeln, wer Zugang zum Server hat.

Im Client/Server-Betrieb können grundsätzlich mehrere Sitzungen gleichzeitig ablaufen. Das Datenbanksystem sorgt für die konsistente Koordination der Datenzugriffe, wie wir im Abschn. 1.2.5 beschrieben haben.

Üblicherweise gibt es hier für die Datenbanken jeweils einen Datenbank-Administrator, der sicher stellt, dass die Anwendungen jeweils effizient ablaufen und der auch für die Datensicherung zuständig ist. Er hat dafür zu sorgen, dass zu bestimmten

Zeitpunkten Totalsicherungen der Datenbanken erfolgen. Des Weiteren muss er sich um die Organisation der Log-Dateien kümmern; gegebenenfalls sind die Log-Dateien in bestimmten Zeitabständen zu archivieren und neue aufzusetzen. In aller Regel laufen diese Aktionen im laufenden Betrieb. Auch Änderungen der Datenbankstruktur werden im laufenden Betrieb eingespielt – außer, wenn es sich um eine völlige Neustrukturierung der Datenbank handelt.

Somit muss sich beim Client/Server-Betrieb der Endnutzer keine Gedanken um die Datensicherung und Datensicherheit machen. Die Datenbank tritt dem Endnutzer also quasi als Dienst – oder nach neuerer Sprechweise „Service" gegenüber.

1.3.3   Eingebettete Datenbank

Datenbanken bei kleineren Anwendungen stehen häufig nur einem Anwenderprogramm zur Verfügung. In diesem Fall ist ein Mehrbenutzerbetrieb nicht notwendig. Es gibt dann auch keinen dedizierten Datenbankadministrator, der die Einrichtung und den Betrieb der Datenbank organisiert.

Dieses ist früher der Bereich der „klassischen" Datenverarbeitung ohne Benutzung einer Datenbank gewesen, wo die Daten in satzorientierten Dateisystemen gespeichert wurden. Allerdings haben Datenbanken eine Reihe von Vorteilen, die man auch sinnvollerweise verwenden kann, wenn man keinen Mehrbenutzerbetrieb hat. Es sind dies u. a.

- Anwendungsorientierte Strukturierung der Daten in Tabellen mit Spalten und Konsistenzregeln
- Ausführung komplexer Anfragen
- Transaktionen
- Erweiterbarkeit des Datenmodells

Daher bieten einige Datenbanksysteme seit einiger Zeit die Möglichkeit, Datenbanken im eingebetteten Modus zu betreiben (Abb. 1.2).

Hier wird die Datenbankmaschine nicht als eigener Prozess gestartet, sondern als Subsystem mit dem Benutzerprogramm zusammen geladen. Das kann eine dynamische Bibliothek sein (z. B. dll-Datei unter Windows) oder eine Java-Bibliothek, die zur Laufzeit dazu geladen wird. In SQL Anywhere kann vom Programm ein sog. *personal server* gestartet werden, der zwar als eigenständiger Prozess abläuft, aber nur eine Verbindung vom Programm zulässt, das ihn gestartet hat. Aufrufe an die Datenbank erfolgen jetzt direkt an das Subsystem, das kein getrennter Prozess ist, sondern ein Teil des Prozesses, der auch das Anwendungsprogramm enthält.

Der Vorteil für den Benutzer ist, dass er sich nicht um die Administration des Datenbankprozesses kümmern muss. Er muss keine aufwändige Datenbankmaschine starten. Er muss nur das Anwenderprogramm starten, und die Datenbankmaschine wird dann mit geladen.

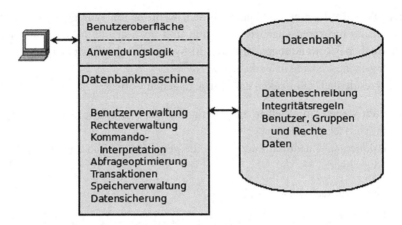

Abb. 1.2 Betrieb als eingebettete Datenbank

Dieses Verfahren hat den weiteren Vorteil, dass ein Anwendungsentwickler eine Kundenanwendung als Ganzes beim Kunden installieren kann, ohne dass die Datenbankadministration als eigenständige Aufgabe beim Anwender existiert.

Ein Nachteil dieser Vorgehensweise ist, dass der Endanwender sich selber um die Datensicherungen und Protokolldateien kümmern muss.

Datenbanksysteme, die einen eingebetteten Betriebsmodus erlauben, speichern die Daten üblicherweise in einer Datei des Betriebssystems (vgl. S. 8). Damit ist es auch relativ einfach, eine vollständige Anwendung mit allen Daten von einem Rechner auf einen anderen zu portieren.

1.3.4 Datenbank im Hauptspeicher

Datenbank im Hauptspeicher? Bis vor wenigen Jahren war das noch ein Widerspruch in sich. Inzwischen sind jedoch die Techniken der relationalen Datenbanken mit ihrem Datenmodell und der Abfragesprache SQL sehr weit verbreitet und effektiv implementiert. Des Weiteren ist die Größe des Hauptspeichers sehr stark gestiegen – während Anfang der 1980-er Jahre ein Hauptspeicher auch bei Großrechnern üblicherweise noch unter 1 Mb war und nur dazu diente, die Daten von der Festplate „zwischen zu puffern", haben heute selbst einfache Arbeitsplatzrechner einen Hauptspeicher von mehreren Gigabyte.

Daher macht es Sinn, eine gesamte Datenbank im Hauptspeicher zu halten. Es kann sich hierbei um relativ kleine Datenbanken im Bereich von eingebetteten Systemen handeln bis hin zu großen Datenbanken, die auf einem dedizierten Datenbankserver mit einem Hauptspeicher mit mehreren Gigabyte residieren. Diese Systeme werden als In-Memory-Datenbanken (IMDB) oder speicherresidente Datenbanken bezeichnet.

Anwendungen für speicherresidente Datenbanken sind zum einen eingebettete Systeme, bei denen es auf sehr schnelle Reaktionszeiten ankommt. Hierfür sind kleine Datenbanksysteme gut geeignet. Daneben können speicherresidente Datenbanken für dedizierte Datenbankserver verwendet werden, wenn es um sehr große Datenbanken geht (die bis zu mehreren Gigabyte groß sind und noch gerade in den Hauptspeicher passen). Mögliche Anwendungen sind hier BI-Systeme[19] oder Fahrplan-Auskunft- und Platz-Reservierungssysteme in Verkehrsnetzen.[20]

Speicherresidente Datenbanken haben u. a. folgende Vorteile:

- Die Daten stehen unmittelbar zur Verfügung und komplexe Auswertungen sind dadurch sehr viel schneller.
- Transaktionen sind dadurch kürzer, was die gegenseitigen Blockaden wegen Datensperren verringert.

Dem stehen einige Nachteile gegenüber:

- Die Daten müssen beim Start der Datenbank-Maschine vollständig geladen werden.
- Bei Datenänderungen sind zusätzliche Änderungslogs zu veranlassen, um nach Beendigung oder Abbruch eines Laufs der Datenbankmaschine wieder einen aktuellen Datenzustand herzustellen.

Es gibt inzwischen eine Reihe von SQL-Datenbanksystemen, die die Möglichkeit bieten, die Datenbank vollständig im Hauptspeicher zu betreiben. Das sind zum einen kleine Systeme (die aber dennoch den vollen Umfang von SQL:1999 bieten) wie HSQLDB, H2 oder SQLite. Daneben gibt es bei großen Datenbank-Herstellern wie Oracle, IBM und SAP eigene Produkte für In-Memory-Datenbanken.

1.3.5   Datenbanken im Internet

Bei Datenbanken im Internet, d. h. Datenbanken, die von einem beliebigen Benutzer über einen Browser erreichbar sind, haben wir oberflächlich gesehen eine ähnliche Situation wie im Client/Server-Betrieb:

- Es gibt einen Server,
- Viele Benutzer greifen auf die Daten dieses Servers zu und veranlassen ggf. Änderungen in der Datenbank[21]

---

[19] BI = „Business Intelligence" und bezeichnet Systeme, wo aus großen Datenbeständen eines Unternehmens komplexe Berechnungen durchgeführt werden, um Daten für strategische Entscheidungen zu erhalten. Das Wort „Intelligence" hat im militärischen und geheimdienstlichen Umfeld die Bedeutung von „Nachrichtenmaterial", also Datensammlungen. Den Marketingabteilungen der Hersteller solcher Systeme ist aber sicher recht, dass die Bezeichnung den Schluss nahelegt, ihre Systeme seien selbst intelligent – eine Eigenschaft, die kein Computer und kein Programm hat!

[20] Hier ist zu berücksichtigen, dass das Suchen einer Verbindung in einem Verkehrsnetz sehr aufwändig ist und daher das Vorhalten – zumindestens der Verkehrsdaten – die Suchzeiten dramatisch verringern können.

[21] Zum Beispiel durch Online-Bestellungen.

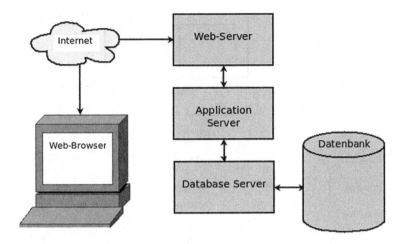

Abb. 1.3 Datenbank im Internet

Es gibt verschiedene Modelle, von denen wir hier neu eines beschreiben: die Drei-Schichten-Architektur (Abb. 1.3).

Die Zugriffe der Benutzer erfolgen nicht durch jeweils eine Benutzersitzung und ein (selbst geschriebenes oder zur Verfügung gestelltes) Anwenderprogramm, sondern die Daten, die im Browser eingegeben worden sind, werden an einen *Application Server* weiter gereicht, also an ein Programm, das die Eingaben annimmt und mit dem Datenbank-Server kommuniziert.

Somit haben wir hier aus Datenbank-Sicht nur einen Benutzer, der mit der Datenbank kommuniziert: der Application Server.[22]

1.3.6 Datenbanken und SOA

Unter einer Serviceorientierten Architektur „SOA" versteht man ein Architekturmuster, das den Aufbau einer Anwendungslandschaft aus einzelnen fachlichen Anwendungsbausteinen (Services) beschreibt, die jeweils eine klar umrissene fachliche Aufgabe wahrnehmen.[23] Ein Service kann mehrerer Operationen anbieten, die über standardisierte Schnittstellen – unabhängig von einer speziellen Technologie (DBMS, Betriebssystem, Netzwerk etc.) – aufgerufen werden. Eigenschaften dieser Bausteine sind lose Koppelung, sodass möglichst geringe Abhängigkeiten der Services voneinander bestehen. Vom

---

[22] Es kann hier natürlich weitere Benutzer für die Datenbank geben, z. B. neben dem Programm, das die Bestellungen der Kunden entgegen nimmt, könnte es z. B. eine weitere Anwendung geben, die die interne Logistik regelt, also die Lagerverwaltung und den Versand, und eine Anwendung für die externe Logistik, also die Beschaffung.

[23] Für eine ausführliche Definition siehe [RiHS05].

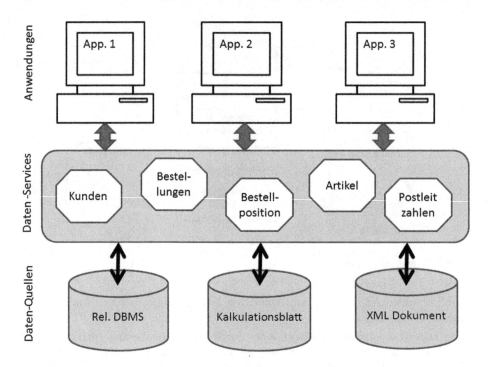

Abb. 1.4 Datenintegration im Rahmen einer Serviceorientierten Architektur

Konzept her sind Serviceoperationen eine spezielle Form von gespeicherten Prozeduren oder Funktionen, die bei Aufruf mit einer definierten Liste von Parametern bestimmte Datenbankoperationen ausführen.[24] Die Art und Weise der Ausführung (Implementierung) bleibt dabei dem Benutzer verborgen.

Services höherer Art
Services können selbst wieder Aufrufe anderer Services enthalten. Eine Anwendung kann so mithilfe von Services zusammengestellt werden, wobei der zeitlich/logische Zusammenhang und die Abhängigkeiten bestimmter Aufrufe von Bedingungen in Form von abstrakten Prozessbeschreibungen (Geschäftsprozessen) in dafür speziell geschaffenen Sprachen und Diagrammtypen formuliert werden.[25]

Datenbankzugriffe können im Rahmen dieser Architektur als Services angeboten werden, die von anderen Services, welche z. B. komplexe Geschäftstransaktionen realisieren, benutzt werden. Dadurch sind die direkten Datenbankzugriffe für die Anwendung transparent. Aufgrund der Kapselung dieser Funktionalität und des Aufrufs über

---

[24] Siehe dazu unser Abschn. 4.1.

[25] Wir gehen auf diese Thematik nicht weiter ein und verzichten aufgrund der Vielzahl der Quellen auf die Angabe von Referenzen. Der interessierte Leser möge beispielsweise nach den Stichworten: BPEL, BPMN, Business Process, SOA recherchieren.

standardisierte Schnittstellen ist dann auch eine recht weitreichende Unabhängigkeit von bestimmten Datenquellen mit ihren spezifischen Datenmodellen und Formaten gegeben. Datenservices können daher genutzt werden, um heterogene Datenquellen zu integrieren, sodass die Anwendung die Unterschiede nicht bemerkt. Abbildung 1.4 zeigt das Prinzip: Die Anwendungen greifen auf die Datenservices zu, nicht auf die Datenquellen selbst. Ein Datenservice, z. B. „Kunden" stellt alle Operationen auf den Kundendaten (Lese- und Schreibzugriffe) zur Verfügung. Woher der Service die Daten bekommt, bleibt für die Anwendung transparent – es macht keinen Unterschied, ob die Daten in einer relationalen Datenbank, in einer Spreadsheet-Tabelle, im XML Format oder sonstwie vorliegen. Daher sind die verschiedenen Datenquellen aus Anwendungssicht im Rahmen einer so realisierten SOA integriert.[26]

---

[26] Die konsequente Umsetzung des Prinzips der losen Koppelung von Services führt anderseits zu Problemen mit der Konsistenzsicherung der Daten (Abhängigkeiten, Transaktionen). Einige kritische Bemerkungen dazu kann man in [Unte10] nachlesen.

Transaktionen

In betrieblichen Anwendungen sind die Daten häufig unternehmensweit – mindestens jedoch abteilungsweit – organisiert, und die Nutzer haben Zugriff über ein lokales Netzwerk oder über das Internet.

Hierbei ergibt sich das Problem, dass verschiedene Nutzer gleichzeitig auf dieselben Daten zugreifen und sie sogar gleichzeitig ändern. Das Datenbanksystem muss diese Zugriffe so organisieren, dass durch gleichzeitige Zugriffe nicht irgendwelche Tupel in unerwünschter Weise geändert werden.

2.1 Eigenschaften von Transaktionen

Als Transaktionen[1] werden Folgen von Datenmanipulationen bezeichnet, die eine logische Einheit bilden (englisch: *logical unit of work*). Eine einzelne Operation könnte, für sich betrachtet, die Konsistenz der Datenbank zerstören. Werden sie aber alle ausgeführt, geht die Datenbank wieder in einen konsistenten Zustand über.

Folgende Merkmale werden mit dem Begriff der Transaktion verbunden:

- *Atomarität*:
  Eine Transaktion wird entweder vollständig oder gar nicht, keinesfalls aber nur teilweise ausgeführt.
- *Konsistenz*:
  Eine Transaktion überführt eine Datenbank von einem konsistenten Zustand in einen anderen konsistenten Zustand.

---

[1] Eine umfangreiche Darstellung findet sich zum Beispiel in [MeSi02].

M. Unterstein und G. Matthiessen, *Anwendungsentwicklung mit Datenbanken*, eXamen.press,   17
DOI: 10.1007/978-3-642-39003-6_2, © Springer-Verlag Berlin Heidelberg 2013

- *Isoliertheit*:
  Andere gleichzeitig ablaufende Transaktionen haben keinen Einfluss auf das Ergebnis einer aktiven Transaktion. Diese Forderung, die für einen reibungslosen Mehrbenutzerbetrieb entscheidend ist, wird durch die *Serialisierbarkeit* erreicht. Dies bedeutet, dass mehrere gleichzeitig ablaufende Transaktionen dasselbe Resultat bewirken, als hätten sie nacheinander stattgefunden.
- *Dauerhaftigkeit*:
  Nach Beendigung einer Transaktion sind die durch sie bewirkten Änderungen in der Datenbank dauerhaft gespeichert.[2]

In Anlehnung an die englischen Begriffe *atomicity*, *consistency*, *isolation* und *durability* fasst man diese Eigenschaften unter dem Kürzel „ACID" zusammen.

Beispiel: Aktionen der referenziellen Integrität

Aus irgendeinem Grund soll der Wert von kunden_nr in der Tabelle kunde geändert werden. Wenn zu diesem Kunden Bestellungen existieren, muss konsequenterweise auch in der Tabelle bestellung die Änderung der kunden_nr nachvollzogen werden. Sonst verlieren alle Bestellungen, in denen dieser Wert von kunden_nr als Fremdschlüssel erscheint, ihre Zuordnung. Die Datenbank wäre dann inkonsistent. Durch *eine einzige* SQL-Anweisung wird nun eine Folge von Datenbankoperationen ausgelöst:

```
UPDATE kunde
SET   kunden_nr ....
...
```

Dass hieraus mehrere Update-Aktionen folgen, liegt an der Deklaration der kunden_nr als Fremdschlüssel in bestellung, wobei die Weitergabe aller Wertänderungen des Primärschlüssels an den Fremdschlüssel verlangt wird:

```
FOREIGN KEY (kunden_nr)
REFERENCES kunde
ON UPDATE CASCADE
```

Beispiel: Banküberweisung

Dabei müssen zwei SQL-Anweisungen ausgeführt werden: Vom Konto 11 werden beispielsweise 100,- Euro auf das Konto 22 überwiesen.

---

[2] Sie können natürlich durch eine spätere Transaktion wieder geändert werden.

```
UPDATE konto
SET     stand = stand + 100
WHERE   konto_nr =22
```

und

```
UPDATE konto
SET     stand = stand - 100
WHERE   konto_nr = 11
```

Die Transaktionsmerkmale stellen sich an diesem Beispiel wie folgt dar:

- *Konsistenz*:
  Zwischen der ersten und der zweiten Anweisung ist die Datenbank in einem inkonsistenten Zustand. Die Bank hat in ihrem Gesamtsaldo 100,- Euro zu viel. Nach der Ausführung der gesamten Transaktion ist die Datenbank wieder konsistent.
- *Atomarität*:
  Die beiden Buchungen werden komplett oder gar nicht ausgeführt.
- *Dauerhaftigkeit*:
  Nach der zweiten Buchung werden die neuen Kontostände gespeichert. Die Änderungen können nun nicht mehr verloren gehen.
- *Isoliertheit/Serialisierbarkeit*:
  Wenn während dieser Transaktion ein zweiter Buchungsvorgang beginnt, der das Konto 22 betrifft, muss dessen Stand am Ende denselben Wert haben, als wenn die Buchungen nacheinander stattgefunden hätten (in diesem Fall wäre die Reihenfolge beliebig).

2.1.1 Gefahren für die Konsistenz

Gefährungen für die Datenkonsistenz können einmal auf der physikalischen Ebene liegen:

- Programmfehler in Applikationen, die z. B. zu Endlosschleifen mit Überlauf des Stacks führen
- Betriebssystembedingte Fehler, z. B. unerlaubt hoher Verbrauch an Ressourcen wie Hauptspeicher, Plattenspeicher, Puffer
- Zusammenbruch des Datenbanksystems
- Hardware-Fehler, z. B. Zerstörung eines Datenträgers
- Stromausfall

Ist die gesamte Datenbank durch einen Hardware-Fehler oder aufgrund eines nicht reversiblen Betriebssystemfehlers physisch zerstört, ist nichts anderes möglich als die Wiederherstellung aus einer – hoffentlich nicht weit zurückliegenden – Datensicherung.

Eine andere Ursache für Inkonsistenzen liegt auf der logischen Ebene: die Datenbank ist nicht physisch zerstört, aber ihr Inhalt ist inkonsistent geworden, weil eine Reihe zusammenhängender Operationen nicht vollständig ausgeführt wurde. Hauptursache ist hier:

- der gleichzeitige Zugriff mehrerer Benutzer auf dieselben Daten

Für Fehler der ersten Kategorie ist die regelmäßige Datensicherung auf einem anderen Medium die sicherste Vorsorge. Auf Basis einer solchen Sicherung kann das Transaktionsmanagement eines DBMS unter Umständen einen relativ aktuellen Stand der Datenbank wiederherstellen. Dazu wird ein so genanntes „After-Image"-Protokoll verwaltet, das die nochmalige Ausführung abgeschlossener Transaktionen ermöglicht.

Fehler der zweiten Art können beseitigt werden, indem der Zustand der Daten wiederhergestellt wird, den diese vor Beginn der Transaktion hatten. Hierzu werden „Before-Image"-Protokolle verwendet.[3]

2.1.2   Transaktionsmanagement

Die Aufgabe des Transaktionsmanagements eines DBMS ist es, die ordnungsgemäße Beendigung von Transaktionen zu kontrollieren. Dabei muss es Situationen erkennen und bewältigen, die die Konsistenz der Datenbank gefährden. Falls der erfolgreiche Abschluss einer Transaktion nicht möglich ist, muss es die Datenbank auf einen bekanntermaßen konsistenten Zustand zurückführen, d. h. alle seit Beginn der Transaktion vorgenommenen Einzeländerungen rückgängig machen.

2.2   Transaktionen in SQL

Transaktionen können nicht „verschachtelt" sein, es kann also innerhalb einer laufenden Transaktion keine weitere Transaktion (etwa wie ein Unterprogramm) gestartet werden.

2.2.1   Start von Transaktionen

Eine Transaktion beginnt implizit, wenn gerade keine Transaktion aktiv ist und eine DML-Anweisung gestartet wird (also z. B. SELECT oder UPDATE).

Des weiteren kann eine Transaktion durch die START TRANSACTION-Anweisung[4] begonnen werden. Voraussetzung dazu ist, dass gerade keine Transaktion aktiv ist.[5]

---

[3] Ausführungen zu Recovery Management und Logdateien sind in Abschn. 1.2.7 und 1.2.8 zu finden.

[4] Die Optionen dieser Anweisung werden in Abschn. 2.4 eingeführt.

[5] Dieses würde zu einer Ausnahmebedingung führen.

Durch die START TRANSACTION-Anweisung können der Transaktion Parameter mit-
gegeben werden.

2.2.2   Beendigung von Transaktionen

Die Beendigung einer Transaktion ist auf verschiedene Weise möglich. Im Allgemeinen
wird ein Transaktionsende durch den Benutzer selbst (respektive durch ein Anwendungsprogramm) explizit angefordert. Dazu stehen die beiden SQL-Anweisungen COM-
MIT und ROLLBACK zur Verfügung. Daneben können Transaktionen implizit beendet
werden, worauf wir weiter unten zurückkommen.

Ist der Benutzer sicher, dass alle Operationen richtig ausgeführt wurden, muss er dem
DBMS mitteilen, dass die Änderungen in der Datenbank dauerhaft niedergelegt werden
sollen. Dies geschieht mit der Anweisung:

```
COMMIT [WORK]
```

Erst ab diesem Moment sind die geänderten Daten für andere Benutzer sichtbar, sofern
der Isolation Level von ihrer Seite nicht auf READ UNCOMMITTED eingestellt wurde.[6]
Solange eine Transaktion noch nicht abgeschlossen ist, sind alle Änderungen sozusagen
„privat", das heißt nur für den Prozess existent, der sie durchgeführt hat. Dies gilt im
Übrigen auch, wenn solche zusammenhängenden Änderungen mit Datenbankprozeduren ausgeführt werden (vgl. Kap. 4).

Des Weiteren wird eine Transaktion durch eine DDL-Anweisung implizit beendet.
Dieses wirkt wie eine zuvor ausgefürte COMMIT-Anweisung.

Die Anweisung

```
ROLLBACK [WORK]
```

macht die Änderungen seit Beginn der Transaktion rückgängig. Wurden beispielsweise
irrtümlich für alle Artikel die Verkaufspreise um 10 % erhöht, so kann die Wirkung einer
solchen Anweisung, z. B.:

```
UPDATE artikel
    SET listenpreis = listenpreis * 1.1
```

mit ROLLBACK aufgehoben werden. Die Artikeltabelle enthält dann dieselben Werte in
der Spalte listenpreis wie vor der Änderung.

Technisch liegt dieser Möglichkeit, Datenänderungen rückgängig zu machen, eine
zeitweise Duplizierung der Daten zugrunde. Bei ORACLE beispielsweise werden alle
Tupel vor der Änderung in die bereits erwähnte Before-Image-Datei kopiert. Aus dieser
werden sie mit ROLLBACK in die Datenbank zurückkopiert.

---

[6] Isolation level behandeln wir in Abschn. 2.4.

2.2.3   Autocommit

Verschiedene DBMS können über Systemvariablen so konfiguriert werden, dass sie nach jeder UPDATE-, INSERT- oder DELETE-Anweisung automatisch ein COMMIT durchführen; bei einigen Systemen[7] ist dies sogar die Voreinstellung. Dies ist in vielen Fällen sinnvoll, wenn nämlich alle Änderungen mit einer einzigen Anweisung erledigt werden. Es hat zudem den Vorteil, dass andere Benutzer möglichst bald mit dem aktualisierten Datenbestand arbeiten können. Sollen aber mehrere Änderungen, Einfügungen oder Löschungen im Zusammenhang betrachtet werden, muss dieses automatische COMMIT unterbunden werden.

Die zugehörigen Systemvariablen sind nicht standardisiert.

Bei ORACLE heißt die Systemvariable AUTOCOMMIT und wird durch die Anweisung

```
SET AUTOCOMMIT ON | OFF
```

eingestellt.

Bei SQL Anywhere heißt sie AUTO_COMMIT, die entsprechende Anweisung sieht wie folgt aus:

```
SET OPTION AUTO_COMMIT ON | OFF
```

2.2.4   Start des DBMS nach Systemzusammenbruch

Wenn einer der oben aufgezählten Fälle von Systemfehlern eintritt, ist keine ordnungsgemäße Beendigung der Transaktion mehr möglich. Wegen der Eigenschaft Atomarität muss das DBMS dann beim nächsten Laden automatisch die Datenbank in den letzten konsistenten Zustand zurückversetzen. Die Aufgabe der Anwender ist es dann, die unvollständig gebliebenen Änderungen noch einmal vorzunehmen.

Transaktionsabschnitte Mit so genannten „Sicherungspunkten" (englisch *„savepoint"*) wird in SQL ein Konzept realisiert, das es erlaubt, im Fehlerfall möglichst viele der bereits erfolgreich ausgeführten Eingaben und Änderungen zu erhalten. Eine Transaktion kann damit in einzelne Abschnitte aufgeteilt werden – mit dem Effekt, dass bei einem Zurücksetzen nicht alle Änderungen seit Beginn der Transaktion rückgängig gemacht werden, sondern nur die, die seit dem letzten oder einem anderen ausgewählten Sicherungspunkt erfolgten. Beispielsweise kann bei einer zeitaufwändigen Änderung über mehrere Tabellen nach jeder UPDATE-Anweisung ein solcher Abschnittspunkt gesetzt werden, um im Fehlerfall nur den Teil der Datenmanipulationen wiederholen zu müssen, bei dem der Fehler aufgetreten ist. Es scheint so, als würde damit die Forderung nach Atomarität verletzt; es ist aber nur ein teilweises Zurücksetzen einer Transaktion,

---

[7] Zum Beispiel bei MySQL.

kein teilweises COMMIT möglich. Auch verhindert das Zurücksetzen auf einen Sicherungspunkt nicht, dass eine Transaktion vollständig ungeschehen gemacht wird, wenn
sie insgesamt nicht vollständig abgeschlossen werden kann.

Mit der Anweisung

```
SAVEPOINT name
```

wird ein Transaktionsabschnitt definiert. Soll nach einem Fehler die unterbrochene
Transaktion an dieser Stelle fortgesetzt werden, so fordert man dies mit der Anweisung

```
ROLLBACK TO SAVEPOINT name
```

an. Man kann einen zuvor gesetzten Sicherungspunkt auch ohne Rollback aufheben, und
zwar mit

```
RELEASE SAVEPOINT name
```

Die Entscheidung über Zeitpunkte, an denen die Datenbank konsistent ist, ist nicht trivial. Wenn im interaktiven Modus mit SQL oder einer anderen Zugriffsmethode wie
Query-By-Example gearbeitet wird, muss sich der Benutzer darüber klar sein, wann eine
zusammenhängende Folge von Manipulationen die Konsistenz seiner Daten gefährdet,
und er muss mit SET AUTOCOMMIT OFF, COMMIT und ROLLBACK sowie etwaigen über
SAVEPOINT gesetzten Transaktionsabschnitten zweckentsprechend umgehen. Bei interaktiven Applikationen obliegt es dem Programmierer, durch die explizite Angabe des
Beginns und Endes der Transaktionen im Programmcode für die ständige Wiederher-
stellbarkeit von Konsistenz und Integrität der Datenbank Sorge zu tragen. Dazu gehört
auch die Einrichtung von Fehlerbehandlungsroutinen, die ein differenziertes Fortset-
zen, Abbrechen oder Wiederholen einer ganz oder teilweise gescheiterten Transaktion
vorsehen.

2.3   Nebenläufige Ausführung von Transaktionen

Wenn durch konkurrierende Zugriffe auf eine Datenbasis gleichzeitig Änderungen von
Daten durch verschiedene Benutzer stattfinden, ist es Aufgabe des Transaktionsmanage-
ments, mögliche Inkonsistenzen zuverlässig zu verhindern. Dies können unter anderem
Sperrkonzepte leisten, die die gleichzeitige Verfügbarkeit der Daten für alle Benutzer ein-
schränken. Hierzu gehören auch „Nur-Lese-Transaktionen" und das in SQL vorgesehene
Konzept der „Isolation-Level".

Die Nebenläufigkeit von Prozessen im Mehrbenutzerbetrieb („Concurrency") und die
Erhaltung der Datenkonsistenz („Consistency") stellen widersprüchliche Anforderungen an ein DBMS. Einerseits ist es eine der Hauptaufgaben, einen gemeinsamen Datenbestand für die Verarbeitung an verschiedenen Orten und durch verschiedene Personen
zugleich verfügbar zu machen. Andererseits können durch die gleichzeitige oder fast

gleichzeitige Änderung von Daten Konflikte entstehen, die die Datenbasis inkonsistent und damit unbrauchbar werden lassen. Die Extrempunkte machen den Widerspruch deutlich: Der Standpunkt der Konsistenz würde in radikaler Form realisiert, wenn die gesamte Datenbank jeweils zu einem bestimmten Zeitpunkt nur einem Benutzer zur Verfügung steht. Schrankenlose Konkurrenz würde bedeuten, dass alle Daten zu jedem Zeitpunkt allen Benutzern für Lese- und Schreibzugriffe zur Verfügung stehen. Damit wäre jegliche Kontrolle über gleichzeitige Änderungen unmöglich. Die Aufgabe der „Concurrency Control" ist es, diesen Widerspruch so zu regeln, dass beiden Anforderungen Genüge getan wird.

Dabei gibt es prinzipiell zwei Varianten: pessimistische Verfahren, die mit vorsorglichen Sperren arbeiten und optimistische Verfahren, die im Nachhinein feststellen, ob durch nebenläufige Änderungen Konsistenzprobleme aufgetreten sind. Die pessimistischen Verfahren entziehen die zu verändernden Daten zeitweise der allgemeinen Verfügbarkeit. Die auf dem Markt angebotenen Datenbanksysteme unterscheiden sich teilweise erheblich darin, wie fein und differenziert die zu sperrende Datenmenge und die Zeitdauer der Sperre festgelegt werden können und welche konkurrierenden, aber nicht die Konsistenz gefährdenden Zugriffe durch andere Benutzer noch möglich sind. Beispielsweise kann sich die Sperre auf einen physikalischen Speicherbereich, eine ganze Tabelle oder auf eine einzelne Zeile beziehen. Die Zeitdauer einer Sperre kann sich auf eine einzelne Schreib- oder Leseoperation, aber auch auf eine längere Transaktion beziehen. Anderen Benutzern kann unter Umständen erlaubt werden, die gesperrten Daten zu lesen. „Optimistische Methoden" gehen hingegen von der Annahme aus, dass gleichzeitige Zugriffe auf Daten recht selten vorkommen, so dass nicht im Vorhinein, sondern erst nachträglich, im Falle eines tatsächlich eingetretenen Konflikts, reagiert werden muss.

Mehrere Beispiele sollen die Problematik illustrieren.

Situation 1: „Lost Update" Wir nehmen an, eine Tabelle kunde enthalte die Spalte umsatz_kumuliert, die nach jeder Rechnungserstellung zu aktualisieren ist. Es ist dafür nötig, den alten Wert von umsatz_kumuliert zu lesen, im Hauptspeicher den neuen Nettobetrag der Rechnung zu addieren und das Resultat in die Kundentabelle zurückzuschreiben. Prozess 1 erhöhe den Ausgangsbetrag von 10.000 auf diese Weise um 2.000. Nachdem der Prozess den alten Betrag gelesen hat (aber bevor er den geänderten Betrag von 12.000 in die Datenbank schreibt), liest der Prozess 2 für dieselbe Zeile der Kundentabelle ebenfalls den Wert 10000 aus umsatz_kumuliert, um den Betrag um 3.000 zu erhöhen. Prozess 1 führt inzwischen die Änderung mit 12.000 durch. Prozess 2 berechnet neu: $10.000 + 3.000 = 13.000$ und schreibt diesen Wert in die Datenbank zurück; damit überschreibt er die Änderung von Prozess 1. Resultat: umsatz_kumuliert enthält den Wert 13.000, obwohl zwei Umsätze verbucht wurden und damit der richtige Wert 15.000 hieße. Abbildung 2.1 stellt die beiden Transaktionen und einen möglichen Zeitablauf *ohne* Transaktionsmanagement dar.

Das lost update Problem beschreibt eine Dateninkonsistenz, die in der Datenbank selbst herbeigeführt würde, wenn das Datenbanksystem keine entsprechenden Maßnahmen zur

Abb. 2.1 Lost Update

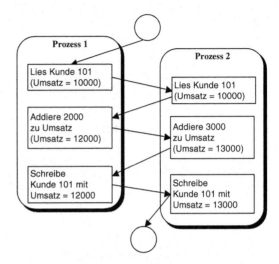

Konsistenzsicherung durchführen würde. Die betroffenen Daten wären für alle Benutzer, die sie künftig verarbeiten, falsch und somit unbrauchbar. Ein Benutzer einer SQL-Datenbank kann sich aber darauf verlassen, dass solche inkosistenten Zustände nicht auftreten.

Die folgenden Beispiele beschreiben Situationen, in denen die Daten selbst korrekt und konsistent sein können, und wo ein Benutzer trotzdem falsche Auswertungsergebnisse erhält.

Situation 2: Inkonsistente Analyse Wir nehmen an, Benutzer A will die Bestandswerte der Lagerbestände auf Basis der Tabelle `artikel` auswerten, und zwar für jedes Lager einzeln. Dazu gibt er folgende Anweisung

```
SELECT lagerplatz, sum(listenpreis * bestand)
FROM   artikel
GROUP BY lagerplatz
```

Während das Datenbanksystem den Wert für Lager 2 bereits ermittelt hat und nun die Berechnungen für das Lager 4 vornimmt, möchte ein zweiter Benutzer einen Artikel aus Lager 2 nach Lager 4 verlegen. Hierzu gibt er folgende Anweisung

```
UPDATE artikel
   SET  lagerplatz = 4
   WHERE artikel_nr = 'L005'
```

ein. In der Gesamtsumme ist nun der Bestandswert des Artikels mit der Artikelnummer L005 zweimal enthalten, da er einmal als Teil von Lager 2 und danach noch einmal als Teil von Lager 4 behandelt wurde.

Situation 3: „Dirty Read" Der Ablauf in beschreibt eine Situation, in der Prozess A Daten ändert, diese Änderung aber später zurücknimmt, während Prozess B die geänderten

Tab. 2.1 Dirty Read

Zeitpunkt	Prozess A	Prozess B
1	UPDATE kunde	
	SET umsatz = umsatz + 1000	
2		SELECT SUM(umsatz)
		FROM kunde
3	ROLLBACK	

Tab. 2.2 Nonrepeatable Read

Zeitpunkt	Prozess A	Prozess B
1	UPDATE kunde	
	SET umsatz =	
	umsatz + 1000	
	WHERE kunden_nr=101	
2		SELECT AVG(umsatz)
		INTO durchschnitt
		FROM kunde
3	UPDATE kunde	
	SET umsatz = umsatz - 500	
	WHERE kunden_nr = 101	
4	COMMIT	
5		SELECT
		AVG((umsatz-durchschnitt)^2)
		INTO varianz
		FROM kunde

Daten in seine Berechnung einbezieht, bevor diese in der Datenbank dauerhaft gemacht werden. Die Berechnung wird dadurch falsch. Diese Situation wird als „dirty read" oder „read uncommitted" bezeichnet (Tab. 2.1).[8]

Situation 4: „Nonrepeatable Read" Diese Situation (Tab. 2.2) tritt auf, wenn eine Transaktion A einen Wert mehrfach verändert, und diese Änderung mit COMMIT dauerhaft macht, während eine andere Transaktion den Wert in irgendeinem Zwischenzustand in eine Auswertung einbezieht. Im folgenden Beispiel wird von A erst der Umsatz eines Kunden erhöht, und anschließend – warum auch immer – diese Erhöhung um die Hälfte korrigiert. B ermittelt die Varianz vom Durchschnittsumsatz in zwei Schritten, zwischen denen sich die Berechnungsgrundlage geändert hat.

---

[8] Genauer wird diese Situation in [SaSH10, S. 382] beschrieben.

Tab. 2.3 Phantom Read

Zeitpunkt	Prozess A	Prozess B
1	`UPDATE artikel`	
	`SET lagerplatz = 2`	
	`WHERE artikel_nr = 'G001'`	
2		`SELECT MAX(listenpreis)`
		`INTO maxpreis`
		`FROM artikel`
		`WHERE lagerplatz = 7`
3	`COMMIT`	
4		`SELECT *`
		`FROM artikel`
		`WHERE listenpreis = maxpreis`

Situation 5: „Phantom Read" Diese Situation (Tab. 2.3) tritt auf, wenn in einer Abfrage Sätze betroffen sind, und bei einer weiteren Abfrage mit denselben Kriterien neue Sätze dazu kommen oder verschwinden. Dieses kann aufgrund von Einfügungen oder Löschungen passieren oder weil Sätze bezüglich eines Auswahlkriteriums in der WHERE-Klausel eine andere Zuordnung erfahren.

In dem angegebenen Beispiel ist der Artikel ‚G001' zum Zeitpunkt 2 (da UPDATE noch nicht mit COMMIT abgeschlossen) noch auf dem Lagerplatz 7 und sein Preis wird als maxpreis zwischengespeichert. Zum Zeitpunkt 4 ist er aber auf Lagerplatz 2 und somit wird in diesem Fall kein Artikel gefunden, der diesen Preis hat.

2.4   Isolation Level in Transaktionen

Die SQL Norm definiert zur Steuerung von Transaktionen so genannte „Isolation-Level". Dabei wird dem Datenbanksystem mitgeteilt, welche möglichen *Wirkungen* nebenläufiger Transaktionen zulässig sind bzw. ausgeschlossen werden sollen. Es wird dem Benutzer von SQL also keine „technische" Spezifikation der erforderlichen Sperre unter Benutzung der Begriffe S-Lock und X-Lock abverlangt[9] – das DBMS muss selbst den Typ von Sperre ermitteln, der die Benutzeranforderungen realisiert.

Folgende Anweisung stellt SQL zur Verfügung, um *vor* einer Transaktion deren Eigenschaften festzulegen:

---

[9] Diese behandeln wir im nächsten Abschnitt.

```
                    SET TRANSACTION optionsliste
```

Dieselbe Optionsliste kann auch als Parameter der Anweisung

```
                        START TRANSACTION
```

übergeben werden.

Die Optionsliste umfasst einen Zugangsmodus („access mode") und den Isolation-Level. Der Zugangsmodus wird mit READ ONLY oder READ WRITE angegeben und legt fest, ob die Transaktion nur Lesevorgänge enthält oder auch Schreibvorgänge. Im ersten Fall sind Änderungen auf temporäre Tabellen beschränkt. Für den Isolation-Level können folgende Werte eingetragen werden:

```
        isolation level ::=  READ UNCOMMITTED
                           | READ COMMITTED
                           | REPEATABLE READ
                           | SERIALIZABLE
```

Die strengste Anforderung wird mit SERIALIZABLE spezifiziert. Nur sie gewährleistet die volle Erfüllung aller Eigenschaften einer Transaktion, die mit dem ACID-Prinzip umschrieben werden. Die anderen Werte definieren, welche Abweichungen davon zulässig sind.

Wir bezeichnen mit A und B zwei nebenläufige Transaktionen.

- READ UNCOMMITTED
  Hier kann A Tupel lesen, die von einer zweiten Transaktion B geändert werden, auch wenn B diese Änderungen noch nicht durch COMMIT dauerhaft an die Datenbank übergeben hat oder sie sogar mit ROLLBACK zurücknimmt. Dies wird auch mit dem Begriff „dirty read" umschrieben.

- READ COMMITTED
  Bei dieser Variante ist das dirty read ausgeschlossen. A sieht nur solche Daten, die von B per COMMIT an die Datenbank übergeben werden. Es ist dann aber möglich, dass zwei identische Lesevorgänge innerhalb von A für dasselbe Tupel zu unterschiedlichen Ergebnissen führen. Der Lesevorgang innerhalb von A ist also nicht beliebig wiederholbar („non repeatable read").

- REPEATABLE READ
  Letzteres ist bei diesem Isolation-Level ausgeschlossen. Es kann aber noch der Fall eintreten, dass B ein neues Tupel in die von A gelesene Tabelle einfügt, so dass ein zweiter Lesevorgang innerhalb A ein Tupel findet, das vorher nicht vorhanden war („phantom read") – oder umgekehrt.

- SERIALIZABLE
  Hier sehen alle Auswertungen innerhalb der Transaktion dieselben Daten.

Tab. 2.4 Definition der Isolation-Level

Isolation-Level	dirty read	nonrepeatable read	Phantom
READ UNCOMMITTED	J	J	J
READ COMMITTED	N	J	J
REPEATABLE READ	N	N	J
SERIALIZABLE	N	N	N

Eine Übersicht über die Isolation-Level und die von ihnen erlaubten Verstöße gegen das ACID-Prinzip gibt Tab. 2.4 wieder.

Zur Vermeidung der inkonsistenten Analyse muss der Isolation-Level SERIALIZ-ABLE angefordert werden.

Bei *SQL Anywhere* werden die Isolation-Level nahe an der Standardvorgabe mit der Anweisung

```
SET OPTION ISOLATION_LEVEL = zahl
```

eingestellt, wobei für zahl die Werte 0 bis 3 für die Einstellungen READ UNCOMMIT-TED bis SERIALIZABLE anzugeben sind. Bei ORACLE muss der Benutzer selbst dafür sorgen, dass die entsprechenden Resultate erreicht werden, indem er mit der Anweisung LOCK TABLE explizit Sperren setzt.

2.5   Sperrmechanismen

Die einfachste Lösung bestünde für alle Fälle darin, die zu verändernde Tabelle vollständig für andere Benutzer zu sperren und erst nach der Beendigung der Arbeit wieder freizugeben. Dieses Verfahren ist sehr radikal – es läuft auf eine zeitweise Aussetzung des Mehrbenutzerbetriebs hinaus – und würde zu völlig unakzeptablen Wartezeiten bei der gemeinsamen Nutzung einer Datenbank führen. Es ist aber für die Gewährleistung der Konsistenz lediglich erforderlich, dass kollidierende Zugriffe auf die gerade zu verändernden Objekte verhindert werden.

In der lost update Situation wäre es sinnvoll, dass Prozess 1 die zu aktualisierende Zeile in der Tabelle kunde mit einer Sperre belegt, so dass sie ihm für die Zeitdauer seiner Transaktion exklusiv zur Verfügung steht. Prozess 2 müsste dann so lange warten, bis Prozess 1 sein COMMIT zur Beendigung der Transaktion ausgeführt hat, und könnte dann erst die – nun schon aktualisierten – Daten lesen und verändern. Prozess 2 könnte aber inzwischen einen anderen Kunden bearbeiten, ohne dabei in Konflikt mit Prozess 1 zu geraten.

Eine Sperre für Situation inkonsistente Analyse müsste wie folgt wirken: Während A seine Salden bildet, müsste jegliche Veränderung an den Werten der saldierten Spalte für die gesamte Tabelle artikel verhindert werden. Welche Operationen wären ohne

Schaden von anderen Benutzern ausführbar? Unproblematisch ist das gleichzeitige Lesen der Tabelle. Auch Veränderungen an Werten (Updates) könnten vorgenommen werden, sofern die Spalten, die für die Auswertung von A gerade relevant sind, nicht verändert werden. Verhindert werden müssen daher nur Änderungsoperationen, bei denen die Spalten `lagerplatz`, `listenpreis` und `bestand` im Wert verändert werden. Die Änderung der Artikelbezeichnung wäre hingegen unproblematisch.

In der Situation nonrepeatable read müsste B entweder jegliche Änderung in den für die Summe relevanten Umsatzdaten unterbinden oder solange warten, bis A seine Transaktion beendet hat. Oder aber B entscheidet, dass für einen statistischen Überblick über die Umsatzdaten auf kleine Abweichungen nicht ankommt und toleriert ein möglicherweise falsches Ergebnis. Eine weitere Möglichkeit wäre, die gelesenen Datensätze bis zum Ende der Transaktion lokal zu kopieren und weitere Auswertungen auf der Kopie zu machen.[10]

Granularität von Sperren Die dargestellten Sperrmöglichkeiten ergeben sich aus der logischen Sicht der Dinge. Je feiner die „Granularität" der Sperrung, das heißt, je begrenzter die Anzahl der von der Sperrung betroffenen Datenbankobjekte ist, desto geringer sind die Einschränkungen konkurrierender Zugriffe. Umso höher ist aber der Verwaltungsaufwand, den das DBMS zu leisten hat. Das bedeutet sowohl Ressourcenverbrauch (Hauptspeicher und Plattenzugriffe) als auch merkbare Einbußen der Performanz, so dass alle praktisch vorhandenen Lösungen auf Kompromisse hinauslaufen. Dabei muss aber zuverlässig gewährleistet werden, dass die Granularität der Sperrung mindestens so groß ist, dass sie alle von einer Transaktion benötigten Datenobjekte umschließt.

Sperrbare Objekte Bei einer relationalen Datenbank sind Relationen und Tupel die Objekte von Datenmanipulationen, also auch Kandidaten für Sperrungen. Theoretisch sinnvoll wäre auch noch die nächst feinere Granularität, nämlich die Sperrung lediglich einer Spalte eines Tupels. Da sich die Sperrung von Daten auf der physikalischen Schicht eines Datenbanksystems abspielt, ist aber nicht jede Granularität mit vertretbarem Aufwand realisierbar. In der Realität finden sich außer Sperrmöglichkeiten für Tabellen oder Tupel auch noch Zwischenformen, bei denen größere Speichereinheiten (Seiten) im Ganzen dem allgemeinen Zugriff zeitweise entzogen werden. Davon sind dann alle Tupel betroffen, die physikalisch auf derselben Seite abgelegt sind.

Typen von Sperren Zwei Haupttypen von Sperren (englisch *"locks"*) sind zu unterscheiden (wir gebrauchen hier die englischen Begriffe):

- „exclusive locks" (X-Lock)
- „shared locks" (S-Lock)

---

[10] Hier sieht man auch, dass diese Technik nicht gegen phantom read wirken würde.

S-Locks erlauben die gleichzeitige Bearbeitung desselben Objekts durch eine Transaktion, die ebenfalls ein S-Lock anfordert. X-Locks entziehen das Objekt dem Zugriff jeglicher anderen Transaktion. Objekte können Zeilen einer Tabelle oder ganze Tabellen sein.

Das Setzen von Sperren sollte für den Benutzer transparent sein und ohne sein Zutun erfolgen, wenn die Konsistenz der Datenbank dies bei Schreib- oder Lesevorgängen erfordert. Das DBMS setzt also implizite Sperren unmittelbar vor jedem Zugriff auf ein Datenobjekt. Der Zugriff kann erst dann erfolgen, wenn die Sperre erfolgreich gesetzt werden konnte.

- Jede schreibende Transaktion (UPDATE, INSERT, DELETE) beantragt ein X-Lock auf die betreffenden Objekte.
- Eine lesende Operation setzt per se keine Sperre.

Weitere Sperren (Typ S oder X) können explizit vom Benutzer oder vom Anwendungsprogramm gesetzt werden. Insbesondere, wenn Probleme wie die inkonsistente Analyse vermieden werden sollen, muss dies auch für lesende Zugriffe erfolgen.

Es sind folgende Fälle zu unterscheiden, wobei wir von einer Transaktion (A) ausgehen, die eine Sperre angefordert hat, während eine zweite Transaktion (B) versucht, ebenfalls eine Sperre für dasselbe Objekt anzufordern:

1. A hat S-Lock gesetzt:
   - B kann ebenfalls ein S-Lock setzen und den Zugriff ausführen.
   - B kann kein X-Lock setzen. Der beabsichtigte Zugriff kann nicht ausgeführt werden.
2. A hat ein X-Lock gesetzt:
   - B kann weder ein S-Lock noch ein X-Lock auf dasselbe Objekt setzen.

Beide Typen von Sperren werden jeweils am Ende der Transaktion, in der sie angefordert worden sind, gelöscht – im Allgemeinen also durch COMMIT oder ROLLBACK. Aber auch jede andere Art der Beendigung (LOGOUT, EXIT, Systemabsturz etc.) von Transaktionen sollte gesetzte Sperren aufheben, wenngleich dies nicht bei allen SQL-Implementierungen der Fall ist.

Für die Entwicklung von Anwendungsprogrammen sind Sprachkonstrukte erforderlich, um auf die Sperrung Einfluss zu nehmen. Dazu gibt es in verschiedenen DMBS den Befehl LOCK TABLE, der die von uns vorgestellten Sperrmechanismen abbildet. In der SQL Norm hingegen gibt es diesen Befehl nicht, hier ist eine implizite Angabe des Transaktionslevels möglich. Wir kommen weiter unten darauf zurück.

Zur Vermeidung von „lost update" müsste jede der beteiligten Transaktionen bereits beim Lesen vorsorglich eine exklusive Sperre für die betreffende Zeile anfordern. B würde dann schon vor dem Lesevorgang in den Wartezustand gesetzt und könnte erst dann fortfahren, wenn A mit COMMIT die Transaktion beendet hat. Diese vorsorgliche Sperre muss im Allgemeinen aber explizit durch den Benutzer oder das Anwendungsprogramm erfolgen, da das DBMS bei einem Lesevorgang innerhalb einer Dialoganwendung ja noch nicht „wissen" kann, ob diesem ein Schreibvorgang folgt. In unserer obigen Formulierung könnte allerdings die Notwendigkeit eines X-Locks vom DBMS selbst noch erkannt werden, da mit der SQL-Anweisung UPDATE immer Lese- und Schreibvorgänge verbunden sind.

Die Vermeidung einer inkonsistenten Analyse erfordert die explizite Anforderung einer Sperre vom Typ „S" durch A, die auf die gesamte Tabelle wirkt, auch wenn es sich „nur" um eine lesende Transaktion handelt.

2.6   Explizite Sperrung mit LOCK TABLE

Die explizite Anforderung einer Sperre mit der Anweisung LOCK TABLE ist im Standard nicht vorgesehen. Es gibt sie aber beispielsweise bei ORACLE. Die Anweisung erfordert einen direkten Bezug des Benutzers auf die Sperrtypen S bzw. X und das zu sperrende Objekt (Granularität). Die Syntax lautet in etwas vereinfachter Form:

```
LOCK TABLE tabellenliste IN lockmodus MODE
```

Folgende Lockmodi werden angeboten:

- EXCLUSIVE
  erlaubt nur Abfragen an die Tabelle durch andere Benutzer. Jegliche andere Aktivität (UDPATE, DELETE, INSERT) wird unterbunden. Es können auch keine anderen Sperren gleichzeitig existieren.
- SHARE
  erlaubt Abfragen und andere S-Locks, aber keine Datenänderungen und exklusiven Sperren. Die Daten in der Tabelle können nicht verändert werden.

Die Wirkung einer Sperre kann auf einzelne Tupel eingeschränkt werden, wenn der Zusatz ROW angebracht wird.

- ROW SHARE (oder SHARE UPDATE):
  erlaubt den konkurrierenden Zugriff und die gleichzeitige Änderung anderer Zeilen durch andere Benutzer. Es verhindert jegliche exklusive Sperre auf die gesamte Tabelle. Mehrere Sperren dieses Typs können zugleich existieren.
- ROW EXCLUSIVE:
  arbeitet wie ROW SHARE, verbietet aber auch gleichzeitige Sperren auf die gesamte Tabelle im Share-Modus. Mehrere Sperren dieses Typs können gleichzeitig und neben ROW SHARE bestehen.
- SHARE ROW EXCLUSIVE:
  Hier sind gleichzeitig lediglich Sperren im Modus ROW SHARE erlaubt.

Der Modus ROW SHARE ist im Hinblick auf eine möglichst geringe Behinderung anderer Transaktionen der effektivste. Wir hatten für die Bewältigung der Situation 1 (*lost update*) erwähnt, dass eine vorsorgliche Anmeldung einer Exklusivsperre bereits beim Aufsuchen der betreffenden Zeile aus der Datenbank erforderlich wäre. Dies ist durch eine besondere Anweisung möglich, die die zu ändernden Datensätze reserviert. Sie sieht wie folgt aus:

```
SELECT   spaltenliste
  FROM   tabellenausdruck
[WHERE bedingung]
  FOR UPDATE OF spaltenliste
```

Das Phänomen *dirty read* wird übrigens bei ORACLE dadurch umgangen, dass alle Lesevorgänge auf die Before-Image-Datei umgeleitet werden, soweit sie Daten betreffen, die von gerade laufenden Transaktionen verändert werden.

2.7   Deadlock

Wenn mehrere Transaktionen wechselseitig auf die Freigabe von Ressourcen warten, spricht man von einer *Verklemmung* oder einem *Deadlock*. Dies kommt dadurch zustande, dass (mindestens zwei) Transaktionen zyklisch jeweils auf die Freigabe einer Ressource durch eine andere warten, um selbst mit COMMIT abschließen zu können. Da aber erst mit COMMIT oder ROLLBACK die gesetzten Sperren aufgehoben werden, liegt ein Widerspruch vor, der nur durch Abbruch einer der beteiligten Transaktionen aufgehoben werden kann. Eine typische Situation zeigt folgendes Szenario, bei dem zwei Tabellen betroffen sind:

Prozess A	Prozess B
LOCK TABLE kunde IN EXCLUSIVE MODE;	LOCK TABLE auftrag IN EXCLUSIVE MODE;
. . .	. . .
LOCK TABLE auftrag	LOCK TABLE kunde

Prozess A muss auf die Freigabe von auftrag warten, während B auf die Freigabe von kunde durch A warten muss. Beide Transaktionen versperren sich gegenseitig den Zugriff auf Ressourcen.

Automatische Deadlock-Behandlung Es gehört zu den Aufgaben eines DBMS, solche Deadlock-Situationen zu erkennen und einige Sperren zu löschen, damit wenigstens eine der Transaktionen abgeschlossen werden kann. Das Mindeste ist ein automatisches Rollback gegen eine der beteiligten Transaktionen und eine entsprechende Mitteilung an den Benutzer bzw. das Anwendungsprogramm. Von diesem Rollback sollte nach Möglichkeit diejenige Transaktion betroffen sein, die noch am wenigsten fortgeschritten, also am leichtesten zu wiederholen ist.

Optimistische Verfahren zur Steuerung der Nebenläufigkeit Bei optimistischen Kon-
trollmethoden wird davon ausgegangen, dass die Wahrscheinlichkeit auftretender Konflikte relativ gering ist, so dass auf die vorsorgliche Sperre ganzer Tabellen oder einzelner
Reihen verzichtet wird. Erst im Konfliktfall werden dann Maßnahmen ergriffen, die die
Konsistenzerhaltung gewährleisten. Dabei geht es dann im Wesentlichen um ein kon-
trolliertes Zurücksetzen von Änderungen, verbunden mit einer automatischen Wieder-
holung der Operationen zu einer anderen Zeit.[11]

2.8   Kompensation statt ACID

Die vielfach praktizierte Realisierung von Anwendungssystemen auf Basis einer Serviceorientierten Architektur[12] (SOA) steht vielfach im Widerspruch zum ACID Prinzip, zumal
dann, wenn einzelne Entitäten jeweils durch einen eigenen Service verwaltet werden und
dieser autonom und unabhängig von anderen Services sein immer gleiches Verhalten
implementiert. Deswegen kann eine Transaktion nur innerhalb jeweils einer Serviceopera-
tion stattfinden, und nicht übergreifend über mehrere Operationen. Werden logisch
zusammenhängenden Operationen aber von mehreren Serviceoperationen ausgeführt,
dann ist keine Transaktionssteuerung und kein ACID möglich. Hier wird dann anstelle des
ROLLBACK das Konzept der Kompensation vorgeschlagen, wobei das Ungeschehenma-
chen von Änderungen durch eine entgegengesetzte Operation, die natürlich programmiert
werden muss, erfolgt. Wir sehen das mit Skepsis und raten nicht dazu, leichtfertig auf das
ausgefeilte Transaktionsmanagement eines DBMS zu verzichten.[13]

---

[11] Genauer bei [Rako07, S. 271].
[12] SOA haben wir am Ende von Kap. 1 kurz eingeführt.
[13] Vgl. den Diskussionsbeitrag in [Unte10].

Zugriffsrechte und Rollen

3

SQL regelt den Zugang zu einer Datenbank, zu einzelnen Tabellen und sogar zu einzelnen Spalten sehr restriktiv. Im Prinzip gilt: Niemand darf Daten ansehen oder verändern, wenn er nicht ausdrücklich dazu befugt ist. Der Zugriff auf die Datenbank überhaupt und auf die in ihr enthaltenen Daten gilt als „Privileg" und wird bei SQL auch so bezeichnet.

3.1 Benutzer-Identität

Zunächst muss jeder, der eine SQL-Datenbank nutzen will, dieser namentlich „bekannt" sein. Die Benutzer-Identität ist ein *Bezeichner*; sie kann identisch oder nicht identisch mit der Benutzer-Identität für das Betriebssystem sein. Eine Person kann durchaus über verschiedene Bezeichner verfügen, mit denen sie sich beim System anmeldet.

In einer Anmeldeprozedur wird jeweils eine Benutzeridentität abgefragt und die Authentizität des Benutzers überprüft. Authentizität ist die Gewissheit, dass der Benutzer tatsächlich derjenige ist, für den er sich vorgibt. Dieses erfolgt üblicherweise durch die Eingabe eines Passwortes.

Passworte sind so zu wählen, dass sie nicht leicht erraten werden. Sie dürfen nicht zu kurz sein (Mindestlänge im Normalfall nicht unter 8 Zeichen), sie sollten Groß- und Kleinbuchstaben und mindestens ein Sonderzeichen oder Ziffern enthalten (die Ziffern aber nicht als einfach angehängte 1, 2 oder 3). Außerdem sollten sie nicht in einem Wörterbuch irgendeiner Sprache oder in einer Liste von geographischen Begriffen enthalten sein. Ausnahmen hiervon sind die Benutzer-Identitäten und Passworte bei der Programmentwicklung. Da hier nicht mit realen (vertraulichen) Daten, sondern mit speziell festgelegten Testdaten zu arbeiten ist, besteht keine Notwendigkeit einer Geheimhaltung, sondern im Gegenteil muss jeder Entwickler die Möglichkeit haben, alle Komponenten der entwickelten Datenbank mit unterschiedlichen Methoden zu testen. In diesen Fällen

M. Unterstein und G. Matthiessen, *Anwendungsentwicklung mit Datenbanken*, eXamen.press,
DOI: 10.1007/978-3-642-39003-6_3, © Springer-Verlag Berlin Heidelberg 2013

kann eine Benutzer-Identität von mehreren Personen verwendet werden. In produktiven Systemen raten wir dringendst davon ab – durch das noch vorzustellende Rollenkonzept ist es aber kein Problem einem Benutzer (z. B. während einer Vertretungsphase) dieselben Rechte wie einem anderen Benutzer zu geben.

Die Informationen über die Benutzer werden bei vielen Datenbanksystemen in dem allgemein den Datenbanken auf einem Host zugeordneten Bereich[1] als eigenständige Struktur gespeichert. Sie gelten dann für alle Datenbanken auf diesem Host. Wenn also ein Benutzer eine Zugangsberechtigung für mehrere Datenbanken hat, hat er auch jeweils dasselbe Passwort. Bei Datenbanken, die in einer eigenen Datei gespeichert sind,[2] sind die Daten der Benutzer häufig in dieser Datei gespeichert.[3] Derselbe Benutzer kann dann in verschiedenen Datenbanken unterschiedliche Passwörter haben. Diese Unterscheidung, wo die Benutzerdaten gespeichert sind, ist z. B. relevant, wenn ein Benutzer sein Passwort ändert: gilt das nur für die jeweilige Datenbank oder für alle Datenbanken auf dem Host?

In Abhängigkeit von der angegebenen Identität entscheidet die Datenbankmaschine dann, welche Objekte dem Benutzer zur Verfügung stehen und welche Operationen er darauf ausführen darf. Wenn wir im Folgenden vom Benutzer sprechen, ist damit eine dem System bekannte Benutzeridentität gemeint.

Privilegien sind auf zwei verschiedenen Ebenen angesiedelt:

- Der Zugang zur Datenbank überhaupt und die Möglichkeit der Änderung der Datenbankstruktur ist durch allgemeine Zugangsprivilegien geregelt.
- Die Rechte des lesenden oder ändernden Datenzugriffs auf einzelne Tabellen und andere Objekte werden für jeden Benutzer mit objektbezogenen Privilegien verwaltet.

3.2   Allgemeine Zugangsprivilegien

Die allgemeinen Zugangsprivilegien sind herstellerabhängig realisiert und nicht Gegenstand des SQL-Standards. Die Norm geht davon aus, dass jeder Benutzer der Datenbank mit einem Benutzernamen und Passwort ausgestattet ist und dass das Datenbanksystem Benutzern, die keine derartige Autorisierung vorweisen können, jeglichen Zugriff auf alle seine Funktionen verweigert.

---

[1] Vgl. Abschn. 1.3.1.

[2] Vgl. Abschn. 1.3.1.

[3] So bei SQL Anywhere.

3.2.1 Anlegen eines Benutzers

Das Kommando zum Anlegen eines Benutzers lautet üblicherweise

```
CREATE USER user_id IDENTIFIED BY password
```

Hierbei ist `user_id` die Benutzer-Identität, mit der er sich anzumelden hat. Die Benutzer-Identität ist ein Datenbank-Objekt – daher ist sie nicht in Hochkommas zu setzen. Sie wird entsprechend auch vom Datenbanksystem in die Standardform (nur Großbuchstaben bzw. nur Kleinbuchstaben) umgewandelt. Falls Groß-Kleinschreibung eine Rolle spielt oder der Aufbau der Benutzer-Identität nicht den Regeln eines SQL-Bezeichners genügt, ist der Wert in Gänsefüßchen zu setzen.

`password` ist das Passwort. Es ist in der Regel ein Wert[4] und damit in Hochkommas zu setzen.

Beispiele

```
CREATE USER matthiessen IDENTIFIED BY 'bre83&Quh'
CREATE USER "meyer-02" IDENTIFIED BY '74aYa*bR'
```

Bei einigen Systemen sind weitere Angaben möglich. So kann in einigen Systemen angegeben werden, dass die Benutzer-Identität des Betriebssystems zu übernehmen ist. Relevant ist hier wieder, was im Referenz-Handbuch des entsprechenden Datenbanksystems steht.

Unter Umständen sind die allgemeinen Zugangsrechte feiner differenziert, beispielsweise in das Recht, die Datenbank abzufragen, und das Recht, eigene Tabellen, Datensichten und andere Objekte anzulegen. Häufig gibt es eine Unterscheidung zwischen normalen Benutzern und Datenbankadministratoren.

3.2.2 Datenbankadministrator

Der Datenbankadministrator darf beispielsweise[5]

- die von allen anderen Benutzern eingerichteten Datenbankobjekte konsultieren und jede beliebige SQL-Anweisung darauf anwenden,
- Benutzerprivilegien erteilen und widerrufen,
- in die physikalische Speicherorganisation eingreifen, beispielsweise Partitionen einrichten und ändern,

---

[4] SQL Anywhere macht hier eine Ausnahme und fasst das Passwort syntaktisch als Datenbankobjekt auf; es ist also ggf. in Gänsefüßchen zu setzen.

[5] So bei ORACLE.

- den Zugang zur Datenbank und zu allen Tabellen jederzeit kontrollieren,
- die gesamte Datenbank zu Sicherungs- oder Übertragungszwecken als Betriebssystemdatei exportieren.

Die genannten Privilegien sind notwendig, um eine Datenbank einzurichten, zu optimieren und den laufenden Betrieb zu betreuen. Die damit gegebene Freiheit ist aber für die normale, alltägliche Datenverwaltung nicht erwünscht. Deshalb ist es üblich, das DBA-Privileg einer einzelnen Person oder – in größeren Organisationen – wenigen Personen zu erteilen, die zudem meist zu größter Geheimhaltung verpflichtet sind, da sie alle in der Datenbank gespeicherten Informationen einsehen können. Unter Umständen kann das Privileg auch geteilt werden, so dass keiner der Datenbankadministratoren die gesamte Datenbank überblicken kann.

3.3 Objektbezogene Privilegien

Jedes Datenbankobjekt – dazu gehören Tabellen und Datensichten und ihre Spalten, Domänen und Integritätsbedingungen, Zeichensätze und Übersetzungstabellen, Typen, Trigger und Prozeduren – hat einen Eigentümer. Das ist prinzipiell der Benutzer, der es angelegt hat, beziehungsweise der Eigentümer des Schemas, in das das Objekt eingebettet ist.[6]

Da SQL grundsätzlich jedermann erst einmal den Zugang zu allen Objekten verbietet, kann zunächst nur der Eigentümer selbst mit seinen Objekten arbeiten. Will er anderen das Lesen oder Verändern seiner Tabellen erlauben, muss er dies explizit tun.

Es gibt zwei Formen der GRANT-Anweisung. Für die Zuweisung von objektbezogenen Privilegien gilt folgende Form[7]:

```
GRANT privilegienliste | ALL
    ON objekt
    TO userliste | PUBLIC
    [WITH GRANT OPTION]
```

Es gibt eine Reihe von Datenbank-Objekten, für die Rechte vergeben werden können (u. a. DOMAIN, COLLATION, CHARACTER SET, TRANSLATION). Wir werden uns im Folgenden auf Tabellen und Datensichten beschränken und in Kap. 5 die Rechte-Vergabe von Datenbank-Prozeduren beschreiben.

Für Tabellen und Datensichten ist als Objekt der Name der Tabelle oder Datensicht anzugeben. Vor dem Namen der Tabelle oder Datensicht kann das Schlüsselwort TABLE stehen (auch bei Datensichten!).

Die möglichen Privilegien für Tabellen und Datensichten sind in Tab. 3.1 angezeigt.

---

[6] Ein Benutzer kann mehrere Schemata besitzen, aber jedes Schema hat genau einen Eigentümer. Erläuterungen zu CREATE SCHEMA finden Sie in Abschn. 4.2. des ersten Bandes [UnMa12].

[7] Die andere Form führen wir in Abschn. 3.3 ein.

Tab. 3.1 Tabellenprivilegien in SQL

Privileg	Bedeutung
SELECT[(spaltenliste)]	Lesen aller Spalten einer Tabelle oder, wenn angegeben, bestimmter Spalten.
INSERT [(spaltenliste)]	Einfügen von neuen Zeilen in eine Tabelle, die Spalten können dabei durch die Spaltenliste eingeschränkt werden. Nicht zugängliche Spalten werden mit dem Default-Wert gefüllt.
UPDATE [(spaltenliste)]	Ändern der Daten in einer Tabelle, gegebenenfalls eingeschränkt auf bestimmte Spalten.
DELETE	Löschen von Zeilen aus einer Tabelle.
REFERENCES [(spaltenliste)]	Benutzung von Spalten der Tabelle in einer FOREIGN KEY-Klausel in einer anderen CREATE TABLE-Anweisung.

Das Privileg bezeichnet jeweils den Typ von SQL-Operationen, die der Benutzer ausführen darf. Mit ALL werden alle Privilegien für ein Objekt auf einmal erteilt.

Hat beispielsweise Christa, die Besitzerin der Tabelle kunde in dem Schema christa, dem Benutzer hans den Zugriff auf die Tabelle mit folgender Anweisung gestattet:

```
GRANT SELECT, UPDATE, INSERT
  ON   christa.kunde
  TO   hans
```

so darf hans alle vorhandenen Informationen aus Christas Kundentabelle mit SELECT abrufen. Gegebenenfalls muss er dem Tabellennamen den Namen des Schemas voranstellen, in diesem Fall zum Beispiel:

```
SELECT *
FROM christa.kunde
```

Er darf außerdem neue Kunden mit INSERT erfassen und vorhandene Daten, z. B. eine Adresse, mit UPDATE ändern. Er darf aber nicht Kunden löschen (DELETE) oder die Kundentabelle in ihrer Struktur verändern.[8] Hätte man statt des Benutzers hans alle Benutzer zugelassen (PUBLIC), so dürfte *jeder*, der Zugang zur Datenbank hat, die Anweisungen SELECT, UPDATE, INSERT auf die Tabelle kunde anwenden.

Die DROP-Anweisung taucht in der obigen Liste nicht auf. Grundsätzlich ist es nur dem Eigentümer der Tabelle selbst bzw. dem DBA erlaubt, eine komplette Tabellenstruktur zu löschen.

Die GRANT-Option gestattet es einem privilegierten Benutzer, seine eigenen Rechte (und nur diese) an einem Datenbankobjekt weiterzugeben.

---

[8] Hierfür gibt es in einigen Datenbanksystemen, z. B. in ORACLE, die Möglichkeit das ALTER-Privileg zum Ändern der Tabellendefinition und das INDEX-Privileg zum Anlegen von Indixen zu vergeben.

3.4   Rücknahme von Privilegien

Die Rücknahme von Privilegien geschieht mit der REVOKE-Anweisung. Die Syntax lautet in diesem Fall:

```
REVOKE   [GRANT OPTION FOR] privilegienliste
   ON    objekt
   FROM  userliste | PUBLIC.
         [ RESTRICT | CASCADE ]
```

Beispiel

```
REVOKE  ALL
   ON   kunde
   FROM hans
```

Wird nur die GRANT-Option zurückgenommen, so kann der Benutzer weiterhin seine bisherigen Rechte auf die Tabelle ausüben, lediglich die Weitergabe an andere Benutzer wird künftig unterbunden. Der optionale Zusatz RESTRICT bedeutet, dass die REVOKE-Anweisung nicht durchgeführt wird, wenn der betreffende Nutzer seine Privilegien an andere weitergegeben hat. Durch Angabe von CASCADE werden auch alle weitergegebenen Privilegien zurückgenommen.

3.5   Rollen

Die Verwaltung von Benutzerrechten kann in größeren Organisationen recht aufwändig sein. Unter Umständen müssen ganzen Gruppen von Benutzern identische Privilegien für eine Vielzahl von Tabellen zugeteilt werden. Um dies zu erleichtern, hat man in den Standard das Rollenkonzept[9] eingeführt..

Privilegien können statt an einzelne Benutzer an Rollen vergeben werden. *Rollen sind* Zusammenfassungen von Privilegien. Die Rolle personalbearbeitung könnte alle Privilegien enthalten, die für die Bearbeitung von Personaldaten notwendig sind. Diese Rolle kann dann einzelnen Benutzern gewährt werden.

Eine gewisse Anzahl von Rollen ist in einem ORACLE-System vordefiniert. Dazu gehören die „alten" (und in früheren Versionen einzigen) Rollen CONNECT (Zugang zur Datenbank überhaupt), RESOURCE (Recht zur Anlage eigener Datenbankobjekte),

---

[9] Daneben gibt es das Gruppen-Konzept, das dieselbe Funktionalität hat, aber andere Anweisungen verwendet. Dieses gibt es z. B. noch in SQL Anywhere Version 12, während in der Version 16 entsprechend der Norm das Rollenkonzept eingeführt worden ist.

DBA (unbeschränkter Zugriff auf alle Datenbankobjekte, Export der gesamten Datenbank etc.).

Eine neue Rolle wird angelegt durch die Anweisung

```
CREATE ROLE bezeichner
```

Privilegien an Rollen werden genau so vergeben wie Privilegien an Benutzer: Hinter dem Schlüsselwort TO ist statt einer Benutzer-Identität ist eine Rolle anzugeben.[10]

Mit der zweiten Form der GRANT-Anweisung kann einer Liste von Benutzern die Erlaubnis erteilt werden, eine Liste von Rollen auszuführen.

```
GRANT role_name_liste
   TO role_name_liste
   [ WITH ADMIN OPTION ]
```

Hinter TO dürfen nicht nur Bezeichner von Benutzer-Identitäten stehen, sondern auch Bezeichner von Rollen. Somit können Rollen auch rekursiv an andere Rollen vergeben werden.

Die Admin-Option erlaub es den Benutzern, die Rechte selber weiter zu geben.

Beispiel

```
CREATE ROLE kundenpflege;
CREATE USER amann IDENTIFIED BY 'pass-a';
CREATE USER bfrau IDENTIFIED BY 'pass-b';
GRANT ALL ON TABLE kunde TO kundenpflege;
GRANT SELECT ON bestellung TO kundenpflege;
GRANT kundenpflege TO amann, bfrau;
```

Die Zuweisung von Rollen an Benutzern ist keine Kopie, sondern eine dynamische Referenz. Wenn in obigem Beispiel folgende Anweisung hinzugefügt wird:

```
GRANT SELECT ON bestellposition TO kundenpflege;
```

haben die Benutzer mit den Benutzer-Identitäten amann und bfrau damit sofort dieses neue Privileg.

---

[10] Aus diesem Grund unterscheidet z. B. PostgreSQL nicht mehr zwischen USER und ROLE. In der Dokumentation heißt es dort: „CREATE USER is now an alias for CREATE ROLE".

Prozedurale Konzepte in SQL

4

Die Möglichkeiten, über SQL Daten zu manipulieren und benutzerspezifische Datensichten anzulegen haben wir im Buch „Relationale Datenbanken und SQL in Theorie in
Praxis" [UnMa12] ausführlich beschrieben. Über Datensichten[1] ist es möglich, auf einfache Weise dem Benutzer komplexe Zusammenhänge darzustellen. Des Weiteren kann
der lesende Datenzugriff über Datensichten und Zugriffsrechte recht detailliert geregelt
werden. Es ist ziemlich einfach, einem Benutzer das Recht zu geben, abgeleitete Daten zu
sehen (z. B. das Durchschnittsgehalt pro Abteilung), ohne einen Zugriff auf die zugrunde
liegenden Daten zuzulassen.

Dagegen ist die Möglichkeit, Daten über Datensichten zu verändern, recht eingeschränkt. Hier brauchen wir geeignete Instrumente, um beispielsweise für den Benutzer
gekoppelte Datenänderungen zuzulassen (z. B. Buchung und Gegenbuchung), ohne ihm
das Recht zu geben, die entsprechenden Daten direkt zu manipulieren.

Dazu sind *Datenbankprozeduren* geeignet. Im Unterschied zu Anwendungsprogrammen, wie wir sie im vorliegenden Band in Kap. 6 behandeln, werden Datenbankprozeduren in der Datenbank selbst gespeichert; die Übersetzung und Ausführung unterliegen
der Kontrolle des DBMS. Anwendungsprogramme können dadurch „schlanker" werden,
und man kann dieselben Prozeduren in verschiedenen Anwendungsprogrammen aufrufen, also mehrfach verwenden. Außerdem führt die Ausführung der Prozeduren auf dem
Datenbankserver zu reduziertem Netzwerkverkehr, dürfte also im Regelfall performanter
sein als eine Umsetzung derselben Programmlogik in Anwendungsprogrammen.

Neben den Datenbankprozeduren können *Trigger* eingeführt werden, um die Konsistenz der Datenbank sicherzustellen. Während Datenbankprozeduren vom Endanwender (sofern er das entsprechende Zugriffsrecht hat) aufgerufen werden können, werden
Trigger automatisch aktiviert, wenn jeweils ein entsprechendes Ereignis eintritt, d. h.
das Einfügen, Ändern oder Löschen eines Tupels. Ein Benutzer kann die Aktion eines

---

[1] Datensichten werden dort in Kap. 9 behandelt.

M. Unterstein und G. Matthiessen, *Anwendungsentwicklung mit Datenbanken*, eXamen.press,   43
DOI: 10.1007/978-3-642-39003-6_4, © Springer-Verlag Berlin Heidelberg 2013

Triggers nicht ausschalten. Ganz im Gegenteil kann ein Trigger dazu benutzt werden, um Benutzer daran zu hindern, gewisse Datenmanipulationen vorzunehmen.

4.1   Datenbankprozeduren

Als Erstes führen wir die *Datenbankprozeduren* oder *Stored Procedures* ein. Hierbei handelt es sich um Prozeduren, die im Stil der imperativen Programmierung gewisse Abläufe in der Datenbank beschreiben.

Datenbankprozeduren sind 1996 als *Database languages – SQL – Part 4: Persistent Stored Modules* kurz *SQL/PSM* normiert worden und inzwischen integraler Bestandteil der SQL-Norm. So gut wie alle Datenbanksysteme für Server enthalten diese Konzepte. Die im Folgenden verwendeten Beispiele sind unter *SQL Anywhere, MySQL und HSQLDB* getestet worden – allerdings gibt es bei all diesen Systemen Abweichungen von der Norm – die Beispiele sind zum Teil für die konkreten Implementierungen entsprechend anzupassen.[2]

In diesem Abschnitt geben wir eine grundsätzliche Einführung in die Bedeutung der Datenbankprozeduren – wir geben keine Einführung in die SQL-Norm. Wer sich hier weiter informieren will, den verweisen wir auf [Melt98]. Insbesondere ist es auch möglich – und bei einigen Systemen wie PostgreSQL, Oracle, DB2 derzeit auch notwendig –, dass die Rümpfe der Prozeduren in einer allgemeinen Programmiersprache (wie Java, Tcl, Perl, Python) oder einer Datenbankspezifischen Programmiersprache (wie PL/SQL bei Oracle, PL/pgSQL bei PostgreSQL) geschrieben werden.

Um Datenbankprozeduren anzulegen, braucht ein Nutzer ein entsprechendes Privileg. Der Ersteller kann das Privileg zur Ausführung (EXECUTE) einer Prozedur an andere Nutzer weitergeben, der die Datenbankprozedur dann aufrufen kann. Wenn die Ausführung der Datenbankprozedur mit den Rechten des Erstellers ausgestattet ist, können die Datenbankobjekte in der Prozedur manipuliert werden, sofern der Ersteller die entsprechenden Privilegien besitzt – der Aufrufer braucht diese Privilegien nicht zu haben.

Es gibt mehrere Gründe, warum man Datenbankprozeduren anlegen sollte. Zwei führen wir im Folgenden auf.

4.1.1   Unterstützung der Konsistenz

Hier ist zum Beispiel daran zu denken, dass bestimmte Änderungsoperationen an Tabellen für alle Anwender verboten sind und nur der Datenbankadministrator formal das Recht hat, diese Änderungen zuzulassen. Er kann aber komplexe, d. h. aus mehreren Elementaroperationen zusammengesetzte Operationen zur Verfügung stellen, über die

---

[2] Die entsprechenden SQL-Skripte sind auf dem Verlagsserver abgelegt.

der Anwender die Datenbanktabellen manipulieren kann, ohne dass die Konsistenz dadurch gefährdet ist.

So ist es beispielsweise denkbar, in einem Unternehmen, in dem verschiedene *Geldkonten* existieren, die absolute Änderung eines Kontostands zu verbieten. Stattdessen werden Datenbankprozeduren zur Verfügung gestellt, die Umbuchungen, Einnahmen oder Ausgaben ermöglichen. Zur zusätzlichen Sicherheit können die Prozeduren erzwingen, dass für jeden Aufruf Datum, Uhrzeit und Benutzer-Identifizierung in einer weiteren Tabelle gespeichert werden, für die niemand (außer dem Datenbankadministrator) irgendwelche Änderungsrechte besitzt.

Zur Unterstützung der Konsistenz ist auch wichtig, dass die Ausführung von Datenbank-Prozeduren explizit als Privileg dem Benutzer gewährt werden muss – ähnlich wie es in Abschn. 3.3 für lesende und ändernde Zugriffe auf Tabellen und Datensichten beschrieben ist.

Die Anweisung dafür lautet

```
GRANT EXECUTE
    ON prozedur
    TO userliste | PUBLIC
        [WITH GRANT OPTION]
```

Beispiel

```
GRANT EXECUTE ON auskunft TO PUBLIC;
GRANT EXECUTE ON bestellung_schreiben TO beschaffung;
```

4.1.2 Effizientere Ausführung komplexer Operationen

Operationen, die zur Ausführung größere Datenmengen durchsuchen müssen, aber nur kleine Datenmengen als Ergebnis zurückliefern, laufen im Server effizienter ab. Hier ist beispielsweise ein Auskunftssystem über Zugverbindungen zu nennen. Um eine Zugverbindung vom Ausgangs- zum Zielbahnhof zu finden, die vor einem bestimmten Zeitpunkt am Zielbahnhof sein soll und möglichst spät abfährt, sind sehr viele Daten zu durchsuchen – das Ergebnis der Abfrage sind nur wenige Zeilen.

4.1.3 Kurzeinführung anhand eines Beispiels

Die folgende Datenbankprozedur benennt systematisch Paare von [plz, ort] um.[3]

---

[3] Zum Ändern der Prozedur, z. B. wenn beim Test unerwünschte Ergebnisse herauskommen, muss man sie erst einmal mit DROP PROCEDURE löschen, da nicht ein existierendes Datenbankobjekt nochmals unter demselben Namen angelegt werden kann. Bei einigen Systemen gibt es die syntaktische Form CREATE OR REPLACE PROCEDURE, um dieses zu vereinfachen.

```
CREATE PROCEDURE umbenenne(
  IN p_plz_alt CHAR(5),
  IN p_ort_alt VARCHAR(25),
  IN p_plz_neu CHAR(5),
  IN p_ort_neu VARCHAR(25))
MODIFIES SQL DATA
SQL SECURITY DEFINER
BEGIN ATOMIC
  UPDATE kunde
    SET plz=p_plz_neu,
        ort=p_ort_neu
    WHERE plz=p_plz_alt
      AND ort=p_ort_alt;
END;
```

Die Prozedur ist geeignet für alle Umbenennungen von Orten und Postleitzahlen oder
auch für Eingemeindungen, da wir die alten und neuen Werte beim Aufruf als Eingabeparameter übergeben.

Ein Aufruf könnte wie folgt aussehen:

```
CALL umbenenne ('23863', 'Kayhude', '23863', 'Neu Kayhude');
```

Die formale Syntax der Definition einer Prozedur ergibt sich wie folgt (unvollständig):

```
prozedur-definition ::=
  CREATE PROCEDURE bezeichner (parameter-liste)
  prozedur-charakteristik
  prozedur-rumpf

parameter ::= parameter-modus bezeichner datentyp

parameter-modus ::= IN | OUT | INOUT
prozedur-charakteristik ::=
  sql-datenzugriff
  rechte-klausel

sql-datenzugriff ::=
  NO SQL  | CONTAINS SQL | READS SQL DATA | MODIFIES SQL DATA

rechte-klausel ::=
  SQL SECURITY INVOKER | SQL SECURITY DEFINER
```

Parameter der Prozedur Wie Prozeduren in den verschiedenen Programmiersprachen
haben die Datenbankprozeduren Parameter, mit denen sie aufgerufen werden. Die Parameter haben jeweils eine Bezeichnung, mit der sie innerhalb der Prozedur angesprochen
werden, und jeweils einen festgelegten Datentyp. Es können hier alle in SQL bzw. in dem
jeweiligen Datenbanksystem definierten Datentypen verwendet werden.

Schließlich gibt es drei Modi der Parameter-Übergabe. In allen drei Fällen wird in der Prozedur für diesen Parameter eine Variable mit dem angegebenen Datentyp angelegt. Die Unterschiede bestehen im Verhalten beim Aufruf der Prozedur und beim Verlassen der Prozedur.

IN **Eingabeargument:**

Beim Aufruf ist ein beliebiger Ausdruck anzugeben. Dieses kann eine Variable, ein Literal[4] oder ein zusammengesetzter Ausdruck wie `2*anzahl`. Dieser Ausdruck wird beim Aufruf der Prozedur berechnet und der lokalen Variablen zugewiesen..

OUT **Ausgabeargument:**

Beim Aufruf ist eine Variable anzugeben. Beim Verlassen der Prozedur wird der Wert der lokalen Variablen diesem Parameter zugewiesen.

INOUT **transientes Argument:**

Auch hier ist beim Aufruf eine Variable anzugeben. Beim Aufruf der Prozedur wird der Wert dieser Variablen an die lokale Variable übergeben, beim Verlassen wird der dann aktuelle Wert der lokalen Variablen diesem Parameter zugewiesen.

Parameter werden in der Regel als IN-Parameter übergeben. Da es in der SQL-Norm keine Variablen gibt (außer innerhalb von Prozeduren und Funktionen), ist ein Aufruf mit OUT- oder INOUT-Parameter direkt von der Benutzeroberfläche nicht so ohne weiteres möglich. Prozeduren können aber auch z. B. von einer Programmiersprache[5] aus ausgerufen werden – dann sind hier Variablen der Programmiersprache anzugeben.

In unserem Beispiel werden also `p_plz_alt` mit `'23863'`, `p_ort_alt` mit `'Kayhude'`, `p_plz_neu` mit `'23863'` und `p_ort_neu` mit `'Neu Kayhude'` belegt.

In der Anweisung

```
UPDATE kunde
   SET plz=p_plz_neu,
       ort=p_ort_neu
 WHERE plz=p_plz_alt
   AND ort=p_ort_alt;
```

sind die Bezeichner `plz` und `ort` Spalten der Tabelle `kunde`, während die Bezeichner, die hier mit `p_` beginnen (`p_plz_neu`, …) Parameter der Prozedur sind. Man kann diesen Unterschied nicht syntaktisch erkennen, sondern nur, indem man nachschaut, wo diese Bezeichner deklariert sind (`plz` und `ort` als Spalten in der Tabelle `kunde`, während die mit `p_` beginnenden Bezeichner als Parameter in der Parameterliste deklariert sind.

---

[4] Literale sind Werte, die entsprechend der jeweiligen Syntax beschrieben werden, also z. B. `'Kayhude'` als Zeichenkette oder ein numerischer Wert wie 12 oder 3.141 oder ein Datumswert wie `DATE '2013-05-18'`.

[5] Vgl. Kap. 6, wo wir die Einbettung von SQL in Java über JDBC beschreiben.

Wenn wir in der Prozedur Bezeichner für Parameter verwendet hätten, die auch als Spaltenbezeichner in der Tabelle vorkommen, hätten wir eine Namens-Kollision, die wie folgt aufgelöst wird: die Deklaration gilt, die in der Hierarchie am dichtesten an der Verwendung liegt. Für eine SQL-Anweisung (INSERT, DELETE, UPDATE, SELECT) innerhalb eines Prozedur-Rumpfes gilt für einen Bezeichner folgende Priorität der Namens-Auflösung:

1. Bezeichner einer Spalte einer in der Anweisung vorkommenden Tabelle,
2. Bezeichner einer Variable im Prozedur-Rumpf,
3. Bezeichner eines Parameters in der Parameter-Liste.

Damit man zu keiner falschen Zuordnung der Bezeichner kommt, raten wir hier zur systematischen Benennung der Bezeichner. In den Beispielen verwenden wir jeweils Parameter, die mit `p_` beginnen. Entsprechend beginnen Variable im Prozedur-Rumpf mit `v_`.

Charakteristiken der Prozedur In der SQL-Norm sind eine Reihe von möglichen Charakteristiken von Prozeduren angegeben. Die von uns getesteten Systeme erwarten davon jeweils einen Teil (und lassen auch nicht alle zu). Wir beschreiben hier zwei Charakteristiken; ansonsten verweisen wir auf das jeweilige Handbuch.

SQL-Datenzugriff Hier wird angegeben, auf welche Weise innerhalb der Prozedur SQL-Elemente verwendet werden. Wenn die Prozedur in SQL geschrieben ist,[6] kann die Datenbankmaschine dieses natürlich selber herausfinden. Aber zum Teil wird diese Angabe generell erwartet; andererseits ist diese Angabe auch wichtig für die Dokumentation.

`NO SQL:`
Die Prozedur enthält keine SQL-Anweisungen, sondern nur Wertzuweisungen und Kontrollstrukturen – ohne Verwendung von SQL-Funktionen.

`CONTAINS SQL:`
Die Prozedur enthält SQL-Elemente (z. B. SQL-Funktionen), aber keinen Zugriff auf die SQL-Datenbank.

`READS SQL DATA:`
Es werden SQL-Daten gelesen (üblicherweise mit einer SELECT-Anweisung), aber keine Daten in der Datenbank geändert.

`MODIFIES SQL DATA:`
Es können SQL-Anweisungen verwendet werden, die Änderungen in der Datenbank bewirken.

Von diesen Optionen ist für Prozeduren in der Regel nur `MODIFIES SQL DATA` interessant; aber wir könnten auf Grund von SQL-Auswertungen, ohne Daten zu ändern,

---

[6] Wir beschreiben in unserem Buch nur solche Prozeduren.

Werte über OUT-Parameter zurückgeben. Ansonsten werden diese Angaben auch noch für die später eingeführten Datenbank-Funktionen benötigt, wo ggf. kein ändernder Datenzugriff oder überhaupt kein Datenzugriff erfolgt.

Zugriffsrechte auf Datenbank-Objekte Hier wird angeben, mit welchen Zugriffsrechten die Prozedur ausgeführt wird – mit den Rechten des Aufrufers oder mit den Rechten des Erzeugers der Prozedur. Wenn die Prozedur mit den Rechten des Erzeugers definiert wurde, gelten für die lesenden und ändernden Zugriffe jeweils die Privilegien[7] des Erzeugers.

Dieser Parameter hat eine weitere Auswirkung: Der Wert der Systemvariable CURRENT_USER ist der Bezeichner des Benutzers, mit dessen Rechten die Prozedur aufgerufen wird. Daneben gibt es die Systemvariable SYSTEM_USER, die den Benutzer angibt, der die Prozedur aufgerufen hat.

Der Prozedur-Rumpf Der Prozedur-Rumpf besteht aus einer Folge von Anweisungen, die zwischen BEGIN und END stehen und jeweils durch ein Semikolon getrennt sind.

Neben dem unmittelbaren Aufruf von SQL-Anweisungen (wie in unserem Beispiel die UPDATE-Anweisung) stehen die Konzepte von imperativen strukturierten Programmiersprachen (also ähnlich wie in Java oder C) zur Verfügung, d. h. Variablen und Wertzuweisungen an Variablen sowie die Kontrollstrukturen

- sequenzielle Folge von Anweisungen
- Fallunterscheidung
- Wiederholungsschleife
- Prozeduraufruf

Durch BEGIN ATOMIC ... END wird festgelegt, dass die Prozedur innerhalb einer Transaktion[8] verwendet werden kann, und selber im Inneren keine Transaktion beendet oder abbricht. Der Programmaufruf kann in eine Transaktion eingebettet sein – ein Ende der Prozedur stellt nicht automatisch ein Ende der Transaktion dar. Wenn wir dagegen den Block der Prozedur in BEGIN ... END einbetten (ohne ATOMIC), kann die Prozedur auch (direkt oder indirekt) eine Transaktion beenden oder abbrechen.

Aufruf einer Datenbank-Prozedur Eine Datenbankprozedur kann über die übliche SQL-Schnittstelle mit der CALL-Anweisung aufgerufen werden. Diese SQL-Schnittstelle kann überall verwendet werden, wo SQL-Anweisungen formuliert werden können, also z. B.

- in einer interaktiven SQL-Umgebung (ISQL)
- über Embedded SQL (ESQL) in einer Wirtssprache
- über ein Call-Level-Interface (CLI) aus einer Programmiersprache
- über ODBC oder JDBC

---

[7] Vgl. Kap. 3.

[8] Das Transaktionskonzept von SQL haben wir in Kap. 2 eingeführt.

4.1.4   Erweiterung des Beispiels mit Ausgabe-Parametern

Die folgende Prozedur ist eine Erweiterung der oben eingeführten: Hier kann der
Anwender anschließend auswerten, wie viele Umbenennungen erfolgt sind. Wir verwenden dazu einen Ausgabeparameter, den wir in der Signatur durch OUT anzahl dekla-
rieren. Beim Aufruf der Prozedur muss hierfür ein Platzhalter, d. h. eine Variable des
aufrufenden Programms übergeben werden.

```
CREATE PROCEDURE umbenenn2(
  IN p_plz_alt CHAR(5),
  IN p_ort_alt VARCHAR(25),
  IN p_plz_neu CHAR(5),
  IN p_ort_neu VARCHAR(25),
  OUT p_anzahl INTEGER)
MODIFIES SQL DATA
SQL SECURITY DEFINER
BEGIN ATOMIC
  SELECT COUNT(*) INTO p_anzahl
    FROM kunde
    WHERE plz=p_plz_alt AND ort=p_ort_alt;
  UPDATE kunde
    SET plz=p_plz_neu, ort=p_ort_neu
    WHERE plz=p_plz_alt AND ort=p_ort_alt;
END
```

An diesem Beispiel erkennen wir eine besondere Variante der SELECT-Anweisung. Hinter der Spaltenangabe steht die INTO-Klausel, gefolgt von einer Liste lokaler Variablen,
in die die Spaltenwerte der Antworttabellen übertragen werden. Diese Art der Abfrage ist
aber nur möglich, wenn die Abfrage nur eine einzige Zeile als Ergebnis hat.[9] Die Variab-
lenliste muss genauso viele Variablen enthalten wie die Spaltenliste. Die Zuordnung von
einer Spalte zu einer Variablen erfolgt über die Reihenfolge. Der Datentyp der Variablen
muss jeweils mit dem Datentyp der Spalte kompatibel sein. Die Spaltenliste kann neben
Tabellenspalten natürlich auch Ausdrücke enthalten.

Ein Aufruf kann über eine Wirtssprache wie Java erfolgen, wo dann der Rückgabewert in das Programm übernommen werden kann. Außerdem können wir diese
Prozedur in einer anderen Prozedur aufrufen und den Wert an eine Variable der Prozedur übergeben. Zu einfacheren Demonstration verwenden wir hier die (nicht in der
Norm enthaltene) Möglichkeit von SQL Anywhere, in einer Sitzung lokale Variable
anzulegen.

---

[9] Um die Ergebnisse einer möglicherweise mehrzeiligen Antworttabelle zur Weiterverarbeitung in
lokale Variablen zu übernehmen, muss ein sog. *Cursor* definiert werden. Wir beschreiben dieses
Konzept in Abschn. 4.4.

```
CREATE VARIABLE anzahl INTEGER;
CALL umbenenn2 ('23863', 'Kayhude', '23863', 'Neu Kayhude', anzahl);
SELECT anzahl FROM dummy;
```

Durch die erste Anweisung wird eine Hilfsvariable namens anzahl eingeführt. In der zweiten Anweisung werden alle Tupel mit

```
[plz='23863',ort='Kayhude',…]
```

umbenannt in

```
[plz='23863',ort='Neu Kayhude',…]
```

Die Anzeige der Variablen anzahl ist Aufgabe eines steuernden Anwendungsprogramms, das die Prozedur aufgerufen hat. In diesem Beispiel zeigen wir sie über einen formalen Spaltenausdruck in einer SELECT-Anweisung an. dummy[10] ist in SQL Anywhere eine Tabelle, die in jeder Datenbank enthalten ist. Diese Tabelle hat genau einen Satz und der einzige Zweck dieser Tabelle ist es, auf einfache Möglichkeit interaktiv Werte von Variablen oder Ausdrücken (z. B. Funktionsaufrufe oder spezielle Werte wie CURRENT_DATE oder CURRENT_USER) auszugeben, ohne dass wir dazu eine spezielle Schreib-Anweisung benötigen.

Eine entsprechende Tabelle gibt es auch in Oracle und MySQL unter der Bezeichnung dual. Wenn in einem Datenbanksystem diese einfache Möglichkeit, Werte anzuzeigen nicht existiert, empfiehlt es sich, eine Tabelle in folgender Form anzulegen:

```
CREATE TABLE dual (spalte INTEGER NOT NULL CHECK (spalte = 0));
INSERT INTO dual(spalte) VALUES(0);
```

Ein Aufruf von SELECT ausdruck FROM dual liefert dann genau den Wert des Ausdrucks zurück.

4.1.5 Beispiele mit Variablen und Kontrollstrukturen

Im folgenden Beispiel wird durch die Einführung von zwei Datenbankprozeduren und einer Protokolltabelle die Konsistenz des Attributs bestand in der Relation artikel sichergestellt. Wir gehen davon aus, dass eine direkte Änderung dieses Attributs ausgeschlossen sein soll. Beim Einfügen eines neuen Tupels wird automatisch der Default-Wert 0 eingetragen. Der Wert kann nur durch eine Lieferung (PROCEDURE Lieferung), durch Lagerzugang (PROCEDURE Lagerzugang – hier nicht beschrieben) und durch eine protokollierte Bestandskorrektur, die wir anschließend implementieren (PROCEDURE Bestandskorrektur) geändert werden. Ein direktes Ändern mit der UPDATE-Anweisung wird ausgeschlossen, indem kein UPDATE-Privileg an den Benutzer weitergegeben wird. Der Autor der oben genannten Prozeduren hat aber dieses Recht und somit hat es indirekt auch der Aufrufer der Prozeduren.

---

[10] Die Angabe FROM DUMMY könnten wir auch weglassen.

```
-- Abbuchung einer Lieferung aus einer vorhandenen Bestellung.
-- Argumente:
--   IN p_bestell_nr:  Bestell_Nr von vorhandener Bestellung
--   IN p_artikel_nr:  Artikel_Nr in vorhandener Bestellung
--   IN p_anzahl:      Anzahl der zu versendenden Artikel
--                     kann kleiner sein als Bestellmenge
--   OUT p_fehler:  0 falls alles in Ordnung
--                  1 falls Bestellposition nicht vorhanden
--                  2 falls Liefermenge schon festgelegt
--                  3 p_anzahl > bestellmenge
--                  4 p_anzahl < 0

-- Auf die Überprüfung von Konsistenzbedingungen, die in der
-- Artikel-Relation angelegt sind, wird hier verzichtet.
CREATE OR REPLACE PROCEDURE lieferung(
   IN p_bestell_nr INTEGER,
   IN p_artikel_nr CHAR(4),
   IN p_anzahl  INTEGER,
   OUT p_fehler INTEGER)
MODIFIES SQL DATA
SQL SECURITY DEFINER
BEGIN ATOMIC
   DECLARE v_bestellmenge , v_liefermenge  INTEGER;
   DECLARE v_listenpreis   DECIMAL(15,2);

   SELECT bestellmenge, liefermenge INTO v_bestellmenge, v_liefermenge
     FROM bestellposition
     WHERE artikel_nr=p_artikel_nr
       AND bestell_nr=p_bestell_nr;

   IF v_bestellmenge IS NULL THEN -- bestellposition gibt es nicht
     SET p_fehler=1
   ELSEIF v_liefermenge IS NOT NULL THEN  -- schon ausgeliefert
     SET p_fehler=2
   ELSEIF p_anzahl > v_bestellmenge THEN  -- geforderte Lieferung
                                          -- zu hoch

     SET p_fehler=3
   ELSEIF p_anzahl < 0 THEN  -- geforderte Lieferung ist negativ
     SET p_fehler=4
   ELSE -- Durchführung der Auslieferung
     SET p_fehler=0;
     SELECT listenpreis INTO v_listenpreis
       FROM artikel WHERE artikel_nr = p_artikel_nr;
     -- Bei vorher festgelegtem gesamtpreis ist dieser ggf. auf
     -- geringere Liefermenge anzupassen - ansonsten ist der
     -- Listenpreis zugrunde zu legen.
     UPDATE bestellposition
```

```
             SET liefermenge=p_anzahl,
                 gesamtpreis=COALESCE(
                 gesamtpreis*p_anzahl/bestellmenge,
                 v_listenpreis *p_anzahl)
             WHERE artikel_nr=p_artikel_nr
               AND bestell_nr=p_bestell_nr;
           UPDATE artikel
             SET bestand=bestand-p_anzahl
             WHERE artikel_nr=p_artikel_nr
         END IF
       END;
```

Ein Aufruf kann wie folgt aussehen:

```
       CREATE VARIABLE fehler INTEGER;
       CALL lieferung (153, 'G001', 1, fehler);
       SELECT fehler FROM dummy;
```

Wir führen hier drei lokale Variable ein. Durch die Deklaration haben diese Variablen eine Nullmarke als Wert. Wenn in der ersten SELECT-Anweisung keine Zeile zurückgegeben wird (da die Kombination aus p_artikel_nr und p_bestell_nr nicht in der Datenbank vorhanden sind), wird der Wert der Variablen in der INTO-Klausel nicht geändert. Wir können daher die Abfrage auf eine Nullmarke benutzen, ob überhaupt ein Satz betroffen ist (da Bestellmenge nach Tabellen-Definition nicht NULL sein kann.)

Dieser Aufruf führt also zuerst die notwendigen Kontrollen durch (gibt es überhaupt einen entsprechenden Satz in der Positionstabelle?). Anschließend erledigt der Aufruf (auf dem Server!) alle notwendigen Datenänderungen, die eine Auslieferung nach sich ziehen, nämlich die Eintragung der gelieferten Menge in der Positionsdatei und gegebenenfalls die Neuberechnung des Gesamtpreises proportional zur bestellten Menge sowie die Abbuchung in der Artikel-Tabelle.

Das Verfahren ist jetzt dagegen abgesichert, dass durch versehentlich oder absichtlich herbeigeführte Änderungsoperationen mittels einer interaktiv eingegebenen UPDATE Anweisung falsche Lagerbeständig eingetragen werden. Mithin kann jederzeit aus der Datenbank der aktuelle Lagerbestand ermittelt werden. Da aber im Unternehmen Menschen arbeiten und nicht nur Computer und Roboter, stellt sich spätestens bei der Inventur heraus, dass es doch Abweichungen gibt.

Diese müssen dann als Bestandskorrektur in die Datenbank eingegeben werden. Damit aber diese Funktion nicht als einfache Möglichkeit benutzt werden kann, Schwund zu erzeugen und anschließend problemlos abzubuchen, sollte zum einen die Berechtigung für die Benutzung dieser Prozedur auf einen kleinen Personenkreis eingeschränkt werden. Zum anderen wird grundsätzlich eine Protokolldatei geführt, die den Aufruf dieser Prozedur mit Angabe des Benutzers und des Zeitpunkts des Aufrufs protokolliert.

Als Erstes beschreiben wir den Aufbau der Protokolldatei:

```
CREATE TABLE protokoll (
    id              INTEGER IDENTITY,
    benutzer        VARCHAR(60),
    zeitpunkt       TIMESTAMP
                    DEFAULT CURRENT_TIMESTAMP
                    NOT NULL,
    artikel_Nr      CHAR(4) NOT NULL,
    bestand_alt     INTEGER,
    bestand_neu     INTEGER,
    CONSTRAINT proto_fk_art
      FOREIGN KEY (artikel_Nr)
        REFERENCES artikel
          ON UPDATE CASCADE
          ON DELETE RESTRICT
);
```

Durch den Default-Wert für den Zeitpunkt wird automatisch der Zeitpunkt der Änderung eingetragen, die Benutzer-Id wird in der Prozedur eingetragen.[11] Bei Angabe einer falschen Artikelnummer erfolgt keine Aktion – auch keine Protokollierung.

Nun zur entsprechenden Prozedur.

```
-- Prozedur, die eine Bestandskorrektur vornimmt.
-- Die Bestandskorrektur wird in der Tabelle Protokoll protokolliert.
-- Argumente:
--    IN p_artikel_nr: Artikel_Nr des zu korrigierenden Artikels
--    IN p_neubestand: zu setzender Bestand

CREATE PROCEDURE bestandskorrektur(
   IN p_artikel_nr CHAR(4),
   IN p_neubestand INTEGER)
MODIFIES SQL DATA
SQL SECURITY DEFINER
BEGIN ATOMIC
   DECLARE v_altbestand INTEGER DEFAULT -1;
   SELECT bestand INTO v_altbestand
     FROM artikel WHERE artikel_nr = p_artikel_nr;
   IF v_altbestand >= 0 THEN
     UPDATE artikel
     SET bestand = p_neubestand
     WHERE artikel_nr = p_artikel_nr;
   INSERT INTO protokoll(benutzer,artikel_nr,
                         bestand_alt,bestand_neu)
     VALUES(session_user(),p_artikel_nr,v_altbestand,p_neubestand);
   END IF;
END;;
```

---

[11] Eigentlich können wir auch den Benutzer als Default-Wert eintragen lassen. Da das aber nicht bei MySQL zulässig ist und um die Beispiele möglichst portabel zu gestalten, haben wir das in die Prozedur verlegt.

Ein Aufruf könnte wie folgt aussehen:

```
CALL bestandskorrektur ('G002', 468);
```

4.1.6 Übungen

Aufgabe 4.1 Schreiben Sie eine Prozedur, die für alle Artikel, deren Lagerbestand den Mindestbestand unterschreitet, das Attribut `bestellvorschlag` auf das Tagesdatum setzt.

Aufgabe 4.2 Schreiben Sie eine Prozedur, die bei Eingabe einer Artikelnummer und eines Werts für die Nachbestellmenge das Attribut `nachbestellung` auf das Tagesdatum, das Attribut `nachbestellmenge` auf den eingegebenen Wert und das Attribut `bestellvorschlag` wieder auf `NULL` setzt. Wenn kein Artikel mit der angegebenen `artikel_nr` gefunden wird, soll eine `exception` erzeugt werden.

Aufgabe 4.3 Schreiben Sie eine oder mehrere Prozeduren, die zusammen folgende Aufgabe erledigen. Die Positionen einer durch Eingabeparameter `i_bestell_nr` ausgewählte Bestellung werden in folgender Weise bearbeitet: Wenn die `bestellmenge` nicht größer als der Lagerbestand des Artikels ist, soll `liefermenge = bestellmenge` gesetzt werden. Sonst soll `liefermenge = bestand` des Artikels gesetzt werden. Wenn der Artikel gar nicht lieferbar ist, wird `liefermenge = 0`. Außerdem soll der Prozentsatz des für den Artikel gültigen Mehrwertsteuerschlüssels in das Attribut `mwst` geschrieben werden. `Gesamtpreis` soll mit `liefermenge * listenpreis` aktualisiert werden.

Aufgabe 4.4 Schreiben Sie eine Prozedur, die für eine durch Eingabeparameter `p_bestell_nr` qualifizierte Bestellung das Attribut `lieferdatum` auf das Tagesdatum setzt, das attribut `rechnungsbetrag` berechnet (Achtung, das ist die Summe der Bruttobeträge aller Positionen dieser Bestellung; hier ist der angewandte Mehrwertsteuersatz aus der Tabelle `bestellposition` auf den `gesamtpreis` der jeweiligen Position anzuwenden) Für den Kunden soll außerdem das Attribut `letzte_bestellung` auf das Tagesdatum gesetzt werden.

4.2 Funktionen in Datenbanken

Funktionen haben einen ähnlichen Aufbau wie Prozeduren. Es können nur Eingabeparameter übergeben werden und es ist ein Ergebniswert zurückzugeben. Funktionen können an jeder Stelle aufgerufen werden, wo Ausdrücke auftreten können, also insbesondere auch in der SELECT-Klausel, in der WHERE-Klausel und in der SET-Klausel der UPDATE-Anweisung.

Die Zugriffsrechte werden wie bei Datenbankprozeduren durch GRANT EXECUTE vergeben.

Die folgende Funktion addiert einen Prozentbetrag zu einem Geldbetrag.

```
-- Berechnung des Bruttobetrages aus Betrag und Prozentsatz
CREATE FUNCTION brutto (p_betrag DECIMAL(15,2),
                        p_proz   DECIMAL(3,1))
   RETURNS DECIMAL(15,2)
DETERMINISTIC
NO SQL
BEGIN
   RETURN p_betrag + p_betrag*p_proz*.01;
END;
```

Dies kann zum Beispiel in einer SELECT-Anweisung auf folgende Weise aufgerufen werden:

```
SELECT ar.artikel_nr, ar.bezeichnung, ar.listenpreis,
       brutto(ar.listenpreis, mw.prozent) AS bruttopreis
   FROM artikel  AS ar
   JOIN mwstsatz AS mw ON ar.mwst = mw.mwst;
```

Als weitere Möglichkeiten definieren wir im Folgenden eine Funktion, die es in Ad-hoc-Auswertungen auf einfache Weise ermöglicht, die Zahlungsart von Kunden darzustellen. Es wird die gespeicherte Information (ein Buchstabe) durch eine Zeichenkette in Klartext dargestellt.

```
-- Ausgabe der Zahlungsart als Zeichenkette
CREATE FUNCTION zahl_string (p_kurz CHAR)
   RETURNS CHAR(12)
DETERMINISTIC
NO SQL
BEGIN
   CASE p_kurz
     WHEN 'R' THEN RETURN('Rechnung');
     WHEN 'B' THEN RETURN('Bankeinzug');
     WHEN 'N' THEN RETURN('Nachnahme');
     WHEN 'V' THEN RETURN('Vorkasse');
     WHEN 'K' THEN RETURN('Kreditkarte');
     ELSE          RETURN('<unbekannt>');
   END CASE;
END;
```

Ein Aufruf kann z. B. in folgender Form erfolgen:

```
SELECT kunden_nr, name, strasse, plz, ort,
       zahl_string(zahlung) AS Zahlungsart
   FROM kunde;
```

Auf ähnliche Weise können wir die deutsche Bezeichnung von Wochentagen oder Monaten erzeugen, falls das Datenbanksystem diese Ausgabe nicht unterstützt.

4.2.1 Formaler Aufbau einer Funktionsdefinition

```
funktions-definition ::=
    CREATE FUNCTION bezeichner (parameter-liste)
        RETURNS datentyp | RETURNS TABLE (spaltenspezifikationsliste)
    prozedur-charakteristik
    prozedur-rumpf

spalten-spezifikation ::=
    [bezeichner] datentyp

prozedur-charakteristik ::=
    sql-datenzugriff
    determinismus-klausel
    rechte-klausel
determinismus-klausel ::=
    DETERMINISTIC | NON DETERMINISTIC
```

Durch DETERMINISTIC wird angegeben, dass die Funktion bei jedem Aufruf mit denselben Argumenten auch dasselbe Ergebnis zurückliefert und dass sie keine Nebeneffekte hat. Wenn die Funktion auf SQL-Daten oder zum Beispiel auf Datum oder Uhrzeit zugreift, ist sie nicht deterministisch. Ein Nebeneffekt wäre z. B. die Änderung von SQL-Daten. Eine Funktion im mathematischen Sinn ist also immer DETERMINISTIC.

Die Rückgabe von Tabellen behandeln wir später.

4.2.2 Funktionen mit Datumsberechnungen

Als abschließendes Beispiel erweitern wir die Datumsfunktionen durch eine Funktion, die für ein gegebenes Jahr im Bereich 1900 – 2099 das Osterdatum bestimmt. Da in diesem Beispiel keine SQL-Anweisungen vorkommen (sondern nur SQL-Funktionen), verzichten wir bei der Festlegung der Variablen auf den Präfix v_. Die verwendeten Funktionen wie MOD, DATEADD, EXTRACT entsprechen der SQL-Norm. Allerdings sind bei den meisten Systemen nicht alle angegebenen Funktionen vorhanden, die relevanten Funktionen sind ggf. im Handbuch des benutzten SQL-Systems nachzuschlagen.

```
-- Berechnung des Ostertages im 20. und 21. Jahrhundert
-- Grundlagen für den Algorithmus:
--     Fischer Lexikon Astronomie (1957), S. 52      und
--     Heinz Zemanek; Kalender und Chronologie;
--        4. Auflage, Oldenbourg Verlag (1987)
CREATE FUNCTION ostern (p_jahr INTEGER)
   RETURNS DATE
DETERMINISTIC
CONTAINS SQL
BEGIN
   DECLARE a        INTEGER;     -- Nummer des Jahres im
                                 -- 19-Jahre-Zyklus
   DECLARE jjjj     CHAR(4);     -- Jahr als 4-stellige Zeichenfolge
   DECLARE newroz   DATE;        -- Frühlingsanfang
   DECLARE vollmond DATE;        -- Vollmond ab Frühlingsanfang
   DECLARE ostern_x DATE;        -- Sonntag nach Vollmond

-- Auswertung der Formeln nach Fischer Lexikon Astronomie
   SET a       = MOD(p_jahr,19);

   SET jjjj    = CAST(p_jahr AS CHAR(4));
   SET newroz  = CAST(jjjj||'-03-21' AS DATE);
   SET vollmond = DATEADD(day, MOD(19*a + 24, 30), newroz);
   SET ostern_x =
       DATEADD(day, 8-EXTRACT(DAY_OF_WEEK FROM vollmond), vollmond);
-- EXTRACT(DAY_OF_WEEK : Wochentag; 1 = Sonntag, ..., 7 = Samstag

   IF CAST(ostern_x AS CHAR(10)) LIKE '%-04-26' OR
      -- kein 26. April
      CAST(ostern_x AS CHAR(10)) LIKE '%-04-25' AND a>10 THEN
      -- 25. April nur in erster Hälfte des Zyklus
      RETURN DATEADD(day, -7, ostern_x);
   ELSE
      RETURN ostern_x;
   END IF;
END
```

Dies kann zu einer Funktion erweitert werden, die feststellt, ob ein gegebener Tag ein Feiertag ist – eine Funktion, die für viele Geschäftsvorgänge von Bedeutung ist (allerdings ist wegen der Internationalisierung des Handels z. B. zwischen Bremen und Bayern diese Funktion um ein weiteres Argument zu ergänzen, das den jeweiligen Gültigkeitsbereich angibt).

```
-- Bestimmung, ob ein gegebenes Datum ein Feiertag ist.
-- Derzeitige norddeutsche Version
-- Andere dürfen einige zusätzliche Eintragungen vornehmen.
-- Achtung! Sensibel gegen Gesetzesänderungen
-- Rückgabe: FALSE -> kein Feiertag
--           TRUE  -> Feiertag
CREATE FUNCTION feiertag (p_dat DATE)
  RETURNS BOOLEAN
DETERMINISTIC
CONTAINS SQL
BEGIN
  DECLARE diff   INTEGER;        -- Differenz zu Ostern
  DECLARE tag,monat,jahr INTEGER; -- Komponenten des Datums

  SET tag   = EXTRACT(DAY   FROM p_dat);
  SET monat = EXTRACT(MONTH FROM p_dat);
  SET jahr  = EXTRACT(YEAR  FROM p_dat);
  SET diff  = DATEDIFF(DAY, ostern(jahr), p_dat);
  IF monat = 1 AND tag  = 1  -- Neujahr
  OR monat = 5 AND tag  = 1  -- 1. Mai
  OR monat =10 AND tag  = 3  -- Tag der Deutschen Einheit
  OR monat =12 AND tag  BETWEEN 25 AND 26 -- 1. und 2. Weihnachtstag
  OR diff IN (-2, 0, 1, 39, 49, 50) -- Karfreitag
                                -- Ostersonntag, -montag
                                -- Himmelfahrtstag
                                -- Pfingstsonntag, -montag
  THEN RETURN TRUE;
  ELSE RETURN FALSE;
  END IF;
END
```

Hieraus lässt sich jetzt die Funktion ableiten, die für einen Tag bestimmt, welcher Tag in *n* Werktagen (ohne Samstag) sein wird.

```
-- Bestimmung des Tages, der n Werktage (Montag bis
-- Freitag, kein Feiertag) nach dem gegebenen Datum liegt.
-- Argumente:
--    p_dat    Anfangsdatum ; muss kein Werktag sein
--    p_anzahl Anzahl Tage  ; muss >= 0 sein.
CREATE FUNCTION add_werktage (p_dat DATE, p_anzahl INTEGER)
      RETURNS DATE
DETERMINISTIC
CONTAINS SQL
BEGIN
```

```
WHILE p_anzahl > 0 LOOP
  IF EXTRACT(DAY_OF_WEEK FROM p_dat) BETWEEN 2 AND 6
        -- Montag .. Freitag
     AND NOT Feiertag(p_dat) THEN
        -- kein Feiertag
    SET p_anzahl = p_anzahl-1;
  END IF;
  SET p_dat = DATEADD(DAY, 1, p_dat);
END LOOP;
RETURN p_dat;
END
```

Ein Aufruf kann z. B. wie folgt aussehen:

```
SELECT bestell_nr, bestelldatum, lieferdatum
  FROM bestellung
  WHERE lieferdatum > add_werktage(Bestelldatum,3)
```

4.2.3 Funktionen, die Tabellen zurückgeben

Funktionen können nicht nur skalare Werte, sondern auch (virtuelle) Tabellen zurückgeben. Dieses Konzept gibt es schon sehr lange bei SQL Anywhere als Prozedur, die ein
Resultset zurückgeben. Es ist in der Norm aufgenommen worden als Funktion – was ja
auch eher der Logik entspricht: Es geht um die Rückgabe von Werten in Abhängigkeit
von Parametern.[12]

Wir stellen hier eine Funktion vor, die nach Eingabe der ersten Zeichen eines Kundennamens und des Wohnorts die letzte Bestellung dieses Kunden – falls es eine gibt
– anzeigt. Dabei werden Daten aus den Tabellen kunde, bestellung und bestellposition verarbeitet.

Teile der Lösung hätte man auch mit einer Datensicht erreichen können. Das Inte-
ressante ist hier, dass wir einen Teil des Kundennamens und den Ort als Parameter
beim Aufruf übergeben können, was bei einer Datensicht nicht möglich ist. Ein weiterer
Aspekt ist die Generierung von Fehlermeldungen, wenn Ausnahmesituationen auftreten
wie die, dass kein Kunde oder mehr als einer gefunden wird. Damit wird das Standard-
verhalten des DBMS für die eigenen Zwecke überschrieben. Wir kommen auf diese Prozedur im Kap. 6 über JDBC zurück, wo wir den Aufruf in ein Java-Programm einbetten
werden.

---

[12] In SQL Anywhere ist auch in der aktuellen Version eine PROCEDURE mit RESULT zu
definieren.

```
-- Anzeigen der letzten Bestellung eines Kunden,
-- von dem ggf. der Anfang des Namens angegeben ist
-- Beispiel:
-- SELECT *
--    FROM TABLE(zeigeBestellposParaKunde('Stein', 'Kayhude')

-- Falls das nicht möglich, werden entsprechende Exceptions
ausgelöst:
--    21000: mehr als ein Kunde
--    99001: kein entsprechender Kunde
--    99002: Kunde hat noch nichts bestellt

CREATE FUNCTION zeigeBestellposParaKunde(
                  IN p_kunde VARCHAR(30),
                  IN p_ort   VARCHAR(25))
RETURNS TABLE (
   kunden_name          VARCHAR(30),
   bestelldatum         DATE,
   bestell_nr           INTEGER,
   artikel_nr           VARCHAR(4),
   artikelbezeichnung   VARCHAR(30),
   listenpreis          DECIMAL(15,2),
   angew_mwstsatz       DECIMAL(15,2),
   bestellmenge         INTEGER,
   liefermenge          INTEGER,
   gesamtpreis_netto    DECIMAL(15,2))
READS SQL DATA
NOT DETERMINISTIC
SQL SECURITY DEFINER
BEGIN ATOMIC
   DECLARE v_kunden_nr, v_bestell_nr INTEGER;
   DECLARE v_kunden_name  VARCHAR(30);
   DECLARE v_bestelldatum DATE;

   -- Suche alle passenden Kunden
   -- Falls mehr als einer : Exception mit SQLSTATE 21000
   --    (automatisch ausgelöst)
   -- Falls keiner: Exception mit SQLSTATE 99001
   SELECT kunden_nr, name INTO v_kunden_nr, v_kunden_name
   FROM   kunde
   WHERE  name LIKE p_kunde || '%'
     AND  ort = p_ort;
```

```
IF v_kunden_nr IS NULL THEN
   SIGNAL SQLSTATE '99001';
END IF;


-- Suche letzte Bestellnr
-- Falls noch nichts bestellt: Exception mit SQLSTATE 99002
SELECT max(bestell_nr),  max(bestelldatum)
  INTO v_bestell_nr, v_bestelldatum
FROM bestellung
WHERE kunden_nr = v_kunden_nr;


IF v_bestell_nr IS NULL OR v_bestelldatum IS NULL THEN
   SIGNAL SQLSTATE '99002';
END IF;


-- Ausgabe der Bestelldaten
 RETURN TABLE (
   SELECT v_kunden_name, v_bestelldatum,
          p.bestell_nr, p.artikel_nr, a.bezeichnung, a.listenpreis,
          p.mwst, p.bestellmenge, p.liefermenge, p.gesamtpreis
   FROM   bestellposition p
   JOIN   artikel a USING (artikel_nr)
   WHERE  p.bestell_nr = v_bestell_nr
   );
END;
```

Zum Testen empfehlen wir, noch eine zusätzliche Bestellung und zwei Positionen mit folgenden Daten einzugeben

```
INSERT INTO BESTELLUNG (BESTELL_NR, KUNDEN_NR, BESTELLDATUM,
            LIEFERDATUM, RECHNUNGSBETRAG)
   VALUES (255, 106, '2013-05-15', NULL,     NULL);
INSERT INTO BESTELLPOSITION (BESTELL_NR, ARTIKEL_NR, MWST,
            BESTELLMENGE, LIEFERMENGE, GESAMTPREIS)
   VALUES (255, 'G002', 0.19,  4,   4,   49.80);
INSERT INTO BESTELLPOSITION (BESTELL_NR, ARTIKEL_NR, MWST,
            BESTELLMENGE, LIEFERMENGE, GESAMTPREIS)
   VALUES (255, 'G003', 0.19,  3,   3,   15.60);
```

Nun haben wir zwei Bestellungen von Kunden aus Kayhude, deren Name auch noch mit ‚St' beginnt (Staack und Stein). Wir können also beim Aufruf der Prozedur die Fälle durchspielen: Kunde existiert, Kunde existiert nicht, es existieren mindestens zwei Kunden, auf die das Suchkriterium zutrifft.

Die Aufrufe sehen dann so aus:

```
SELECT * FROM zeigeBestellposParaKunde('Stein', 'Kayhude')
SELECT * FROM zeigeBestellposParaKunde('X', 'Kayhude')
SELECT * FROM zeigeBestellposParaKunde('St', 'Kayhude')
```

Beim ersten Aufruf sollte eine Tabelle als Resultat erscheinen, Aufrufe 2 und 3 müssen statt einer Tabellenausgabe eine Fehlermeldung erzeugen.

Wie wir in der Prozedur sehen, wird eine virtuelle Tabelle durch RETURN TABLE (select-anweisung) zurückgegeben.

4.2.4 Übungen

Aufgabe 4.5 Schreiben Sie eine Funktion, die bei Eingabe des Kürzels für den Status eines Kunden (ein Wert aus der Menge {'S', 'W', 'G'}) den Klartext des Status ausgibt. Das wären die Texte „Stammkunde", „Werbemaßnahme", „Gelegenheitskunde". Wenn keiner der o. g. Werte übergeben wird, soll eine exception erzeugt werden. Der Benutzerkomfort könnte dadurch gesteigert werden, dass zusätzlich zu den oben angeführten Kürzeln dieselben in Kleinbuchstaben akzeptiert werden (obwohl das wegen einer CHECK-Klausel bei der Datendefinition ausgeschlossen wird, also eigentlich nicht vorkommen kann).

Aufgabe 4.6 Schreiben Sie eine Funktion, die zu einem durch Eingabeparameter artikel_nr qualifizierten Artikel den Bruttopreis incl. Mehrwertsteuer ausgibt.

Aufgabe 4.7 Schreiben Sie eine Funktion, die zu einer durch bestell_nr qualifizierten Bestellung den rechnungsbetrag (brutto, unter Anwendung des in bestellposition hinterlegten mwst Prozentsatzes für jede einzelne Position) ermittelt, jedoch ohne diesen in der Datenbanktabelle zu speichern.

Aufgabe 4.8 Überarbeiten Sie die Aufgabe 4.3 so, dass Sie soweit wie möglich die eben erstellten Funktionen benutzen.

4.3 Ausnahmebehandlung in Prozeduren und Funktionen

Die Durchführung einer SQL-Anweisung kann zu Ausnahmen führen (z. B. Verletzungen von Konsistenzregeln wie Primärschlüssel, CHECK-Bedingungen). Dieses führt zu zwei Fragestellungen:

1. Wie können wir in Datenbank-Prozeduren und Funktionen Ausnahme-Bedingungen auslösen?
2. Wie können wir Ausnahme-Bedingungen, die durch SQL-Anweisungen oder Prozeduren und Funktionen ausgelöst worden sind, behandeln?

Wir beginnen mit einer Prozedur, die Ausnahme-Bedingungen erzeugt. Diese können dann z. B. in einer Prozedur, die diese Aufruft, behandelt werden. Dazu erweitern wir die schon definierte Prozedur umbenenne um einige Kontrollen, die zu Ausnahmen-Bedingungen führen.

```
DROP PROCEDURE umbenenne;
CREATE PROCEDURE Umbenenne(
  IN p_plzAlt VARCHAR(5), IN p_ortAlt VARCHAR(25),
  IN p_plzNeu VARCHAR(5), IN p_ortNeu VARCHAR(25))
MODIFIES SQL DATA
SQL SECURITY DEFINER
BEGIN ATOMIC
  IF p_plzNeu IS NULL THEN
    SIGNAL SQLSTATE '99903'
      SET MESSAGE_TEXT = 'PLZ darf nicht NULL sein';
  ELSEIF length(p_plzNeu) < 5 THEN
    SIGNAL SQLSTATE '99901'
      SET MESSAGE_TEXT = 'PLZ muss 5-stellig sein';
  ELSEIF SUBSTRING(p_plzNeu, 1, 1) NOT BETWEEN '0' AND '9'
      OR SUBSTRING(p_plzNeu, 2, 1) NOT BETWEEN '0' AND '9'
      OR SUBSTRING(p_plzNeu, 3, 1) NOT BETWEEN '0' AND '9'
      OR SUBSTRING(p_plzNeu, 4, 1) NOT BETWEEN '0' AND '9'
      OR SUBSTRING(p_plzNeu, 5, 1) NOT BETWEEN '0' AND '9' THEN
    SIGNAL SQLSTATE '99902'
      SET MESSAGE_TEXT = 'PLZ muss numerisch sein';
  END IF;

  UPDATE kunde
    SET   plz = p_plzNeu,    ort = p_ortNeu
    WHERE plz = p_plzAlt AND ort = p_ortAlt;
END
```

Wir verwenden hier SQLSTATEs. Nach der Ausführung jeder SQL-Anweisung wird ein SQLSTATE zurückgegeben. Dieses ist eine 5-stellige Zeichenkette, die in vielen Fällen numerisch ist. Eine große Menge von SQLSTATEs ist in der Norm festgelegt. Weitere können von den Datenbank-Herstellern vergeben werden.

Der wichtigste SQLSTATE ist '00000' und steht für „Alles in Ordnung". Häufig tritt noch der SQLSTATE '02000' auf und steht für „Kein Satz betroffen". Das ist zum Beispiel der Fall, wenn eine SELECT-Anweisung keine Zeile zurückgibt oder wenn bei einer UPDATE- oder DELETE-Anweisung keine Zeile betroffen ist. Dieses zeigt, dass nicht jeder SQLSTATE auf eine Ausnahme weist.

Schließlich können vom Benutzer SQLSTATEs vergeben werden, die mit 99 beginnen. Dieses geschieht durch die SIGNAL-Anweisung.

Im folgenden Programm definieren wir Ausnahme-Behandler („Handler"), die die Ausnahme-Bedingungen, die von umbenenne geworfen werden, behandeln.

Damit die Fehler später nachvollzogen werden können – und da die Ausgabe von Texten auf der Konsole nicht in der Norm enthalten ist, werden die Fehlermeldungen in eine spezielle Tabelle geschrieben, die hier definiert wird.

```
CREATE TABLE debug (
  id            INTEGER IDENTITY
  zeitpunkt     TIMESTAMP
                DEFAULT CURRENT_TIMESTAMP
                NOT NULL,
  nachricht     VARCHAR(250) NOT NULL
  );

CREATE PROCEDURE Fehlertest(IN p_plzneu VARCHAR(5))
MODIFIES SQL DATA
SQL SECURITY DEFINER
BEGIN ATOMIC
  DECLARE EXIT      HANDLER FOR SQLSTATE '99901'
    INSERT INTO debug(nachricht)
      VALUES('### Kleiner Fehler.');
  DECLARE EXIT      HANDLER FOR SQLSTATE '99902'
    INSERT INTO debug(nachricht)
      VALUES('### Großer Fehler.');
  DECLARE CONTINUE HANDLER FOR SQLEXCEPTION
    BEGIN
    INSERT INTO debug(nachricht)
      VALUES('### unbehandelter Fehler, SQLSTATE= ???');
    SIGNAL SQLSTATE '99999'
      SET MESSAGE_TEXT = '### unbehandelter Fehler.';
    END;

  CALL umbenenne ('23863','Kayhude',p_plzneu,'Kayhude');
  -- Hier könnte noch einiges folgen
  -- ...
END
```

Es gibt drei Arten von Ausnahme-Handlern:

CONTINUE HANDLER:
Die Prozedur wird nach der Ausnahme-Behandlung weiter durchgeführt.

EXIT HANDLER:
Die Prozedur wird nach der Ausnahme-Behandlung beendet.

UNDO HANDLER:
Die Prozedur wird nach der Ausnahme-Behandlung beendet. Alle Datenänderungen, die in der Prozedur schon durchgeführt worden sind, werden zurückgesetzt. Es wirkt also wie ein ROLLBACK.

Nach der Angabe des zu behandelnden SQLSTATEs oder der Angabe SQLEXCEP-TION (für alle noch nicht behandelten Fehler) folgt eine Anweisung (oder eine Folge von Anweisungen, die in BEGIN ... END eingeschlossen sind). Diese Anweisungen werden beim Auftreten des SQLSTATEs oder der SQLEXCEPTION ausgeführt.

4.4   Das Cursor-Konzept

Wir wollen einer Datenbank-Prozedur die Ergebnisse einer Abfrage einzeln verarbeiten. Dazu müssen wir eine Möglichkeit haben, eine Abfrage auszuführen und für jedes
zurückgegebene Tupel eine Folge von Anweisungen auszuführen. Dieses ist nicht unmittelbar möglich, da das Ergebnis einer Abfrage eine Menge von Tupeln ist, wir aber die
Daten iterativ schrittweise verarbeiten.

In verkürzter Form stellen wir den relationalen Ansatz der Datengewinnung dem der
imperativen Programmierung gegenüber.

relational: eine Relation auf einmal

```
Verknüpfe Relationen, um neue Relationen zu erhalten.
```

Imperativ: einen Satz nach dem anderen

```
Öffne eine Datei;
    lies den ersten Satz;
    solange der letzte Datenzugriff erfolgreich war, tue Folgendes:
        verarbeite den Satz;
        lies den nächsten Satz
    Ende tue
```

Dieser Bruch zwischen den beiden Paradigmen relational und imperativ wird in der Lite-
ratur als *impedance mismatch* bezeichnet. Das Problem existiert zwischen SQL und dem
Rumpf von Datenbank-Prozeduren und –Funktionen genauso wie zwischen SQL und
Programmiersprachen wie Java und C. Wir greifen es daher nochmals im Kap. 6 über
JDBC auf.

Die Lösung ist der so genannte Cursor. Ein Cursor ist hier aber nicht, wie vom Moni-
tor her bekannt, ein blinkender Bildpunkt. Ein Cursor beschreibt eine beliebig komplexe
SELECT-Anweisung, deren Tupel satzweise verarbeitet werden können. Somit stellt ein
Cursor ein Analogon zu einer Datei in einer imperativen Programmiersprache dar; vgl.
hierzu Tab. 4.1 Diese Analogie kann sogar weitergeführt werden: Der Cursor entspricht
nicht einer physikalischen Datei, die ja außerhalb des Programms existiert, sondern einer
logischen Verbindung zur Datei. In Programmiersprachen wird einer Datei üblicherweise programmintern ein Name zugeordnet, über den diese Datei angesprochen wird.
Dieser Name muss nicht identisch mit dem Dateinamen auf dem Datenträger sein – in
vielen Fällen kann er gar nicht identisch dazu sein, da die Syntax für Bezeichner in Programmiersprachen von der Syntax für Dateibezeichner in Betriebssystemen abweicht.
Dementsprechend hat ein Cursor einen Namen, über den die SELECT-Anweisung angesprochen wird.

Tab. 4.1 Das Cursor-Konzept in SQL

SQL-Anweisung	Bedeutung
DECLARE cname CURSOR FOR ...	Logische Beschreibung eines Cursors. Diese Beschreibung bewirkt noch keine Aktion der Datenbankmaschine.
OPEN cname	Die Verbindung zur Abfrage wird hergestellt. Die Vorbereitungen in der Datenbankmaschine werden getroffen.
FETCH cname	Der nächste (oder auf andere Weise positionierte) Satz wird in die entsprechenden Variablen des Wirtsprogramms geladen.
CLOSE cname	Schließen des Cursors – die entsprechende Verbindung zur Datenbank wird aufgehoben.

In dem folgenden Beispiel wird für alle Artikel, die seit einem angegebenen Datum nicht mehr verkauft worden sind, das Attribut kann_wegfallen auf TRUE gesetzt. Ein Aufruf kann in der Weise erfolgen:

```
CALL Ladenhueter( DATE '2012-05-08');
```

Um den alten Datenbestand wieder herzustellen, empfiehlt es sich, anschließend folgende Anweisung auszuführen:

```
UPDATE artikel SET kann_wegfallen = FALSE
```

Die Prozedur sieht wie folgt aus:

```
-- Es soll für alle Artikel, die seit einem gegebenen Datum
-- nicht verkauft worden sind, das Attribut kann_wegfallen auf TRUE
-- gesetzt werden.
CREATE PROCEDURE ladenhueter (IN p_datum DATE)
MODIFIES SQL DATA
SQL SECURITY DEFINER
BEGIN ATOMIC
  DECLARE v_artikel_nr    CHAR(4);
  DECLARE v_kann_wegfallen BOOLEAN;
  DECLARE v_fertig        BOOLEAN DEFAULT FALSE;

  DECLARE c_liste CURSOR FOR
    SELECT artikel_nr,   kann_wegfallen
      FROM artikel AS a
      WHERE NOT EXISTS (
        SELECT * FROM bestellposition AS p
        JOIN bestellung AS b ON b.bestell_nr = p.bestell_nr
        WHERE a.artikel_nr = p.artikel_nr
          AND b.bestelldatum >= p_datum
        )
```

```
        FOR UPDATE OF kann_wegfallen;

    DECLARE CONTINUE HANDLER FOR NOT FOUND
        SET v_fertig = TRUE;

    OPEN c_liste;
    schleife: LOOP
        FETCH c_liste
           INTO v_artikel_nr, v_kann_wegfallen;
        IF v_fertig THEN
           LEAVE schleife;
        END IF;
        UPDATE artikel
           SET kann_wegfallen = TRUE
           WHERE CURRENT OF c_liste;
      END LOOP schleife;
    CLOSE c_liste
  END
```

Etwas umständlich ist in dem Beispiel die Schleifenkonstruktion. Da ein Cursor in der Regel dafür definiert wird, um jeweils genau einmal durchlaufen zu werden, gibt es hierfür eine Kurzform: die FOR-Anweisung. In der FOR-Anweisung wird ein Cursor definiert und genau einmal für alle Elemente durchlaufen. Außerdem hat man in dem Abschnitt zwischen DO und END FOR lesenden Zugriff auf alle Attribute, die in der SELECT-Anweisung auftreten, ohne dass dafür explizit Variable deklariert werden müssen.

Die Kurzform sieht wie folgt aus:

```
    CREATE PROCEDURE ladenhueter (IN p_datum DATE)
    MODIFIES SQL DATA
    SQL SECURITY DEFINER
    BEGIN ATOMIC
      DECLARE v_artikel_nr     CHAR(4);
      DECLARE v_kann_wegfallen BOOLEAN;

      FOR c_schleife AS c_liste CURSOR FOR
        SELECT artikel_nr,   kann_wegfallen
          FROM artikel AS a
          WHERE NOT EXISTS (
             SELECT * FROM bestellposition AS p
             JOIN bestellung AS b ON b.bestell_nr = p.bestell_nr
             WHERE a.artikel_nr = p.artikel_nr
                AND b.bestelldatum >= p_datum
                )
```

```
          FOR UPDATE
   DO
     UPDATE artikel
       SET kann_wegfallen = TRUE
       WHERE CURRENT OF c_liste;
   END FOR;
 END
```

Die Bezeichner nach FOR ist erforderlich, auch wenn er an keiner Stelle verwendet wird.

In dem folgenden Beispiel wird jedem Artikel ein neues Attribut num zugewiesen, das den Rang nach der Preishöhe enthält, d. h. der teuerste Artikel bekommt die Nummer 1, der nächste die Nummer 2 etc. Bei Artikeln mit gleichem Preis ist nach der Artikelnummer zu sortieren. Dazu ist zuvor eine weitere Spalte einzuführen.

```
ALTER TABLE artikel ADD num INTEGER;

CREATE OR REPLACE PROCEDURE neu_num ()
-- MODIFIES SQL DATA
SQL SECURITY DEFINER
BEGIN
  DECLARE v_nr INTEGER DEFAULT 0;

  FOR schleife AS c_liste CURSOR FOR
    SELECT listenpreis, artikel_nr
      FROM artikel
      ORDER BY listenpreis DESC, artikel_nr ASC
    FOR UPDATE
  DO
    SET v_nr = v_nr + 1;
    UPDATE artikel
      SET num = v_nr
      WHERE CURRENT OF c_liste;
  END FOR;
END;
```

4.4.1 Übungen

Aufgabe 4.9 Erstellen Sie eine Prozedur, die durch satzweise Bearbeitung der Kundentabelle die Anzahl aller Kunden ermittelt.

Aufgabe 4.10 Erstellen Sie eine Prozedur, die für eine per Eingabeparameter spezifizierte bestell_nr alle Positionen durchgeht und, sofern liefermenge einen Wert hat, für jede bestellposition den bestand des betreffenden Artikels um die liefermenge reduziert.

4.5   Trigger in Datenbanken

Während Datenbankprozeduren bewusst vom Anwender (oder Anwendungsprogram-
mierer) aufgerufen werden, werden Trigger durch *Ereignisse* zwangsweise vom Datenbanksystem aufgerufen.

Trigger sind zur gleichen Zeit wie Datenbankprozeduren, also etwa 1992, in SQL-
Datenbanksystemen eingeführt worden. Eine Normierung ist im Standard SQL:1999
erfolgt.

Das Auslösen eines Triggers wird durch die Parameter `trigger-zeitpunkt`, `trig-
ger-ereignis`, `trigger-level` beschrieben, die im folgenden eingeführt werden.

```
trigger_zeitpunkt ::=
    BEFORE | AFTER | INSTEAD OF
```

Ein Trigger kann vor oder nach einem Ereignis aktiviert werden. Er kann auch anstelle
eines vorgesehenen Ereignisses durchgeführt werden. Dadurch ist es zum Beispiel möglich, dass für Zeilen, die in einer DELETE-Anweisung gelöscht werden sollen, stattdessen
ein Attribut mit der Bedeutung „Löschmarkierung" auf TRUE gesetzt wird.

```
trigger_ereignis ::=
    DELETE | INSERT | UPDATE [OF spaltenliste]
```

Das auslösende Ereignis kann das Löschen eines Tupels, das Einfügen eines Tupels oder
das Ändern eines Tupels sein.

```
trigger_level ::=
    ROW | STATEMENT
```

Hiermit werden unterschiedliche Aktionen beschrieben, wenn eine Anweisung mehrere
Tupel betrifft, z. B. beim Löschen oder Ändern mehrerer Zeilen. Ein Trigger auf Zeilene-
bene wird für jede Zeile einzeln aufgerufen und führt eine Aktion durch, die auf einzelne
Zeilen bezogen ist. Dagegen wird ein Trigger auf Anweisungsebene nur einmal aufgerufen – ihm stehen dafür jeweils eine Tabelle der gelöschten bzw. überschriebenen Tupel
und eine Tabelle der eingefügten Tupel (bzw. der Tupel nach der Änderung) zur Verfügung, die er auswerten kann.

Mit diesen Angaben sieht ein Trigger im Wesentlichen[13] wie folgt aus:

---

[13] Wir lassen hier die zusätzliche Möglichkeit weg, dass in einem Trigger gegebenenfalls verschiedene Aktionen für das Ändern unterschiedlicher Spalten angegeben werden können.

```
            CREATE TRIGGER trigger_name
                           trigger_zeitpunkt
                           trigger_ereignis
            ON tabelle
            [ REFERENCES [ OLD AS alt_name ]
                         [ NEW AS neu_name] ]
            FOR EACH trigger_level
            [ WHEN (suchbedingung) ]
            prozedur-rumpf
```

Der Name des Triggers hat weiter keine Bedeutung. Er wird nur benötigt, um den Trigger gegebenenfalls später wieder mit einer DROP TRIGGER-Anweisung zu löschen.[14]

Durch `alt_name` kann bei DELETE- und UPDATE-Triggern der Wert der Spalten vor der Änderung abgefragt werden, durch `neu_name` entsprechend bei INSERT- und UPDATE-Triggern der Wert der Spalten nach der Änderung.

Trigger dienen zum einen dazu, die Konsistenz der Datenbank sicherzustellen. Wir können sehr komplexe Konsistenzbedingungen durch Trigger überprüfen lassen. Im Gegensatz zur CHECK-Klausel der CREATE TABLE-Anweisung haben wir in Triggern dieselben Möglichkeiten der imperativen Programmierung wie in Datenbankprozeduren.[15]

Zum anderen ist es durch die Verwendung von Triggern möglich, komplexe Betriebsabläufe in die Datenbank abzubilden. Beim Vorliegen bestimmter Datenbankzustände oder bestimmter Datenbankübergänge können automatisch Ereignisse ausgelöst werden. Diese Ereignisse sind Datenbankmanipulationen (z. B. Einfügen eines Tupels mit einem bestimmten Informationsgehalt). Durch Einbindung von Programmen, die in datenbankunabhängigen Programmiersprachen wie C oder Java geschrieben wurden, ist es allerdings auch möglich, dass Trigger unmittelbar eine Datenfernübertragung oder einen Notruf veranlassen.

---

[14] Es empfiehlt sich, bei der Erstellung von Triggern Namenskonventionen zu beachten, damit man die Übersicht nicht verliert. Z. B. könnte das erste Zeichen für den Zeitpunkt (Before, After, Instead) stehen, das zweite für das Triggerlevel (Row, Statement), das dritte für die Operation (Insert, Update, Delete), der Rest für die Tabelle, auf die sich das Ereignis bezieht oder für die Operation, die der Trigger ausführt. Demnach wäre z. B. ein Trigger mit dem Namen ARI_artikel einer, der nach dem Einfügen eines Artikels für jede eingefügte Zeile eine Aktion ausführt. ARU_Artikel_Bestellvorschlag stünde für einen Trigger, der nach Ausführung einer Updateoperation auf einem Artikeldatensatz für jeden betroffenen Datensatz einen Bestellvorschlag aktualisiert.

[15] Es gibt einige Einschränkungen: so muss der Rumpf eines Triggers immer ATOMIC sein. Er darf insbesondere kein COMMIT, ROLLBACK und keine DDL-Anweisungen enthalten.

4.5.1 Beispiele für Datenbank-Trigger

Über einen Trigger können wir erreichen, dass bei einer Verringerung des Bestands unter den Mindestbestand (unter der Voraussetzung, dass noch kein Bestellvorschlag erfolgt ist) das Attribut bestellvorschlag auf den Zeitpunkt der Unterschreitung gesetzt wird. Zu einem späteren Zeitpunkt kann dann ein Programm alle Tupel heraussuchen, für die das Attribut bestellvorschlag einen definierten Wert und nachbestellung keinen definierten Wert hat. Daraus können Nachbestellungen erzeugt werden. Beim Eintreffen der entsprechenden Lieferung sind dann die Attribute bestellvorschlag und nachbestellung wieder auf NULL zu setzen.

```
CREATE TRIGGER BRU_Artikel_Bestellvorschlag
  BEFORE UPDATE OF bestand ON Artikel
  REFERENCING NEW AS neu OLD AS alt
  FOR EACH ROW
  WHEN (neu.bestand < neu.mindestbestand
   AND alt.Bestellvorschlag IS NULL)
BEGIN ATOMIC
  SET neu.bestellvorschlag = CURRENT_TIMESTAMP;
END
```

In diesem Trigger BRU_Artikel_Bestellvorschlag werden also bei einer Änderung des Attributs bestand in der Tabelle artikel (wegen BEFORE UPDATE OF bestand ON Artikel), wenn der Bestand unter den Mindestbestand sinkt und noch keine Eintragung im Attribut bestellvorschlag erfolgt ist (wegen WHEN (neu.bestand < neu.mindestbestand AND alt.Bestellvorschlag IS NULL)) die Tupel mit den Werten vor der Änderung mit dem Alias alt und mit den Werten, die entsprechend der UPDATE-Anweisung nach der Änderung gelten sollen, mit dem Alias neu übergeben. In der Sprechweise der Parameterübergabe bei Prozeduren hat das Tupel alt den Modus IN, während das Tupel neu den Modus INOUT hat.[16] In dem Trigger wird dann der Wert des Attributs bestellvorschlag entsprechend der Anweisung geändert.

Mit BEFORE-Triggern kann also das zu ändernde Tupel einer weiteren Änderung unterzogen werden. Wenn das neu-Tupel direkt mit SET geändert wird, ist das kein Problem. Wenn dagegen das über eine (weitere) UPDATE-Anweisung erfolgt, kann dieses weitere Trigger auslösen – der Datenbankentwickler ist dafür verantwortlich, dass dadurch keine unendlichen Zyklen von ausgelösten Triggern entstehen.

In dem folgenden Beispiel wird die Konsistenzbedingung, dass für einen Kunden mit Bankeinzug ein Girokonto vorhanden sein muss, durch Trigger erreicht. Wir benötigen hierfür drei Trigger, deren Namen sich jeweils durch zwei Buchstaben unterscheiden:

---

[16] Da es sich um eine BEFORE-Trigger handelt, kann die Zukunft noch verändert werden. Bei einem AFTER-Trigger ist das NEW-Tupel schon in der Datenbank geändert.

- vor dem Einfügen eines Kunden (BRI_Kunde...)
- vor der Änderung der Zahlungsart eines Kunden (BRU_Kunde...)
- vor dem Löschen eines Girokontos (BRD_Girokonto...)

Die Änderung der Kundennummer eines Girokontos können wir dadurch verhindern, dass wir für die Spalte kunden_nr kein UPDATE-Recht vergeben.

```
-- Neues Konto mit Bankeinzug nicht zulässig
CREATE TRIGGER BRI_Kunde_ExistGiroKonto
  BEFORE INSERT ON Kunde
  REFERENCING NEW AS neu
FOR EACH ROW
  WHEN (neu.zahlungsart = 'B')
BEGIN ATOMIC
  SIGNAL SQLSTATE '99101'
    SET MESSAGE_TEXT = 'Neues Konto mit Bankeinzug nicht zulässig';
END;

-- Änderung der Kundendaten auf Bankeinzug:
-- Konto muss schon existieren
CREATE TRIGGER BRU_KundeExistGiroKonto
  BEFORE UPDATE OF zahlungsart ON Kunde
  REFERENCING NEW AS neu
FOR EACH ROW
  WHEN (neu.zahlungsart = 'B')
BEGIN ATOMIC
  IF NOT EXISTS(SELECT * FROM Girokonto AS gi
                  WHERE gi.kunden_nr = neu.kunden_Nr) THEN
  SIGNAL SQLSTATE '99102'
    SET MESSAGE_TEXT = 'Girokonto für Bankeinzug existiert nicht';
  END IF;
END;

-- Löschen eines Girokontos:
-- Es darf keine entsprechende Kundennummer mit Bankeinzug existieren
CREATE TRIGGER BRD_ExistGiroKonto
  BEFORE DELETE ON Girokonto
  REFERENCING OLD AS alt
FOR EACH ROW
BEGIN ATOMIC
  IF EXISTS(SELECT * FROM kunde ku
              WHERE ku.kunden_nr   = alt.kunden_nr
                AND ku.zahlungsart = 'B') THEN
  SIGNAL SQLSTATE '99103'
    SET MESSAGE_TEXT = 'Girokonto darf nicht gelöscht werden';
  END IF;
END
```

Die Signal-Anweisung kann in Triggern benutzt werden, um unter bestimmten Bedingungen einen Abbruch zu erzwingen. Die Aktion, die den Trigger ausgelöst hat – hier also der Versuch, einen Kunden mit `zahlungsart = 'B'` einzufügen, ohne dass ein Girokonto existiert, wird dann vom Trigger abgebrochen, d. h. das entsprechende Tupel wird nicht eingefügt.

Bei der Ausführung von SQL-Anweisungen, die Daten ändern (also `INSERT`, `UPDATE`, `DELETE` und `MERGE`) wird im Zusammenhang mit Triggern wie folgt verfahren:

- Ausführung aller betreffenden BEFORE-Trigger
- Ausführung der Aktion inklusive der entsprechenden Kontrollen und abhängigen Aktionen der referenziellen Integrität[17]
- Ausführung aller betreffenden AFTER-Trigger

Hierfür gelten folgende Nebenbedingungen:

In BEFORE-Triggern dürfen keine Aktionen ausgelöst werden, die sich auf andere Tupel der Datenbank beziehen.

In AFTER-Triggern kann das betroffene Tupel nicht mehr geändert werden.

4.5.2   Übungen

Aufgabe 4.11 Erstellen Sie einen Trigger, der vor Änderung des Werts von `bestand` für jeden Artikel den Wert von `bestellvorschlag` auf `NULL` setzt, allerdings nur dann, wenn der neue `bestand` größer als der alte und auch größer als der `mindestbestand` ist.

---

[17] Zum Beispiel Löschen von abhängigen Sätzen. In diese Prüfung gehen die Werte ein, die ggf. durch BEFORE-Trigger geändert worden sind.

UML

5

Wir haben in Band 1[1] das Entity Relationship Modell (ERM) als Methode zum konzeptuellen Datenbankentwurf vorgestellt. Hierbei werden die Datenobjekte einer bestehenden oder zu entwickelnden Datenbank in einer von der Implementierung abstrahierenden Weise als Entitätstypen und Entitätsmengen und deren Beziehungen dargestellt. Die dynamischen Aspekte, das Verhalten von Datenobjekten bleiben im Wesentlichen außen vor. Bei der Entwicklung von Anwendungsprogrammen sind diese aber in den Entwurf einzubeziehen. Wenn wir vom objektoreintierten Paradigma ausgehen, werden *Objekte* betrachtet, die nicht nur eine Existenz haben (wie Entitäten), sondern auch ein *Verhalten*. Das Verhalten wird durch *Operationen* beschrieben, die ein Objekt ausführen kann, wenn es eine entsprechende *Nachricht* (Auftrag) bekommt. Damit werden die Daten und die Algorithmen in einem einheitlichen Schema betrachtet.

Mit der *Unified Modeling Language (UML)*, die von der *Object Management Group (OMG)* als Standard verabschiedet wurde, ist der Versuch unternommen worden, ein einheitliches Rahmenwerk für verschiedene Aspekte der Analyse- und des Entwurfs von Anwendungssystemen zur Verfügung zu stellen, und mit dem „Wildwuchs" konkurrierender Methoden aufzuräumen. In der UML gibt es mehrere Diagrammtypen, unter anderem: Anwendungsfalldiagramme, Klassendiagramme, Verhaltensdiagramme und Implementierungsdiagramme. Uns interessieren im Folgenden die Klassendiagramme, dies aber nur soweit sie zum Datenbankentwurf genutzt werden. Die Operationen bleiben außerhalb unserer Betrachtung.

Aus folgenden Gründen ist die UML auch für die Zwecke des Entwurfs relationaler Datenbanken interessant:

- Die UML hat sich in sehr kurzer Zeit als anerkannter Standard etabliert.
- ER-Diagramme können auf relativ einfache Weise in Klassendiagramme überführt werden.

---

[1] [UnMa12, Kap. 10].

M. Unterstein und G. Matthiessen, *Anwendungsentwicklung mit Datenbanken*, eXamen.press,
DOI: 10.1007/978-3-642-39003-6_5, © Springer-Verlag Berlin Heidelberg 2013

Tab. 5.1 Vergleich von ERM- und UML-Notation

Begriff der ERM	Begriff der UML
Entität	Objekt
	Exemplar (instance)
Entitätentyp	Klasse
Entitätenmenge	(extent)
Beziehung	Assoziation
Beziehungstyp	Assoziation
Attribut	Attribut

- Es gibt Konzepte, die nicht im ERM enthalten sind, die aber dennoch eine große Rolle bei der Entwicklung relationaler Datenbanken spielen, nämlich die Konzepte *Vererbung*, *Aggregation* und *Komposition*.

5.1   Elemente der UML

Zu Beginn stellen wir in Tab. 5.1 die Notation der ERM und der UML gegenüber. Es ist allerdings zu beachten, dass die UML eine mächtigere Semantik hat und daher die entsprechenden Begriffe nicht äquivalent sind, sondern sich in diesem Zusammenhang nur entsprechen. So unterscheidet sich ein Objekt von einer Entität dadurch, dass es neben seiner Existenz auch ein eigenes Verhalten hat. Andererseits kann ein ERM in ein UML-Modell überführt werden – in diesem Fall wird aus einer Entität durch das Hinzufügen von Verhalten ein Objekt.

5.2   ER-Diagramme und UML-Klassendiagramme

Entitätentypen werden in der UML zu Klassen. Sie werden wie im ERM in einem Kästchen dargestellt. Dieses Kästchen kann – wie in den in [MaUn12] eingeführten ER-Diagrammen auch die Attribute der Klasse enthalten. Danach können die Operationen der Klasse eingetragen werden – jeweils durch einen waagerechten Strich getrennt. Es sind weitere Angaben möglich – hier verweisen wir auf die entsprechende Literatur.

Es stellt sich hier die Frage, wie es mit der Identifizierbarkeit von Objekten aussieht. Für Entitätenmengen haben wir verlangt, dass es eine Kombination von Attributen gibt, die jede Entität eindeutig identifizieren. In der Objektorientierung ist der Blickpunkt etwas geändert worden. Auch hier benötigen wir ein eindeutiges Identifizierungsmerkmal – allerdings ist dieses Merkmal fest mit dem Objekt verbunden und kann nie geändert werden und auch nach dem Löschen eines Objekts darf dessen Schlüssel nicht ein weiteres Mal verwendet werden. Diese Objektidentifizierer sollen darüber hinaus nicht

Abb. 5.1 Klassendiagramm
mit gerichteter Assoziation

nur innerhalb einer Klasse, sondern innerhalb eines Datenmodells einheitlich sein.[2] Sie
werden üblicherweise automatisch vergeben und sind nach außen nicht sichtbar. Im
Unterschied zu Schlüsselattributen (in ERM Diagrammen) werden sie beim Klassenentwurf auch nicht eigens dargestellt.

Daneben ist es natürlich nicht verboten, für bestimmte Attributkombinationen festzuhalten, dass sie Schlüsseleigenschaft haben. Die Eigenschaft eines Attributes oder einer
Attributkombination, innerhalb einer Entitätenmenge immer eindeutig zu sein, stellen wir als sog. *Zusicherung* in geschweiften Klammern mit dem Schlüsselwort „unique"
dar. Bei zusammengesetzten Schlüsseln muss diese Zusicherung immer die Form
{unique(attr1,attr2,…)} haben. Bei Schlüsseln, die aus einem Attribut bestehen (der
häufigere Fall), schreiben wir die Zusicherung {unique} hinter das entsprechende Attribut.

Bei der Umsetzung in ein Relationenschema müssen wir dann entweder eine eindeutige Attributkombination als Primärschlüssel auszeichnen oder einen künstlichen Schlüssel einfügen, der beispielsweise ein automatisch hochzuzählender numerischer Wert ist.

Beziehungstypen im ERM werden in der UML zu *Assoziationen*. Wenn eine Assoziation zwei Rollen hat, wird sie durch eine Linie zwischen den beiden beteiligten Klassen
bezeichnet. Die Kardinalität der Assoziation drückt ähnlich wie im ERM die Anzahl der
Exemplare einer Klasse aus, die an der Beziehung beteiligt sind. Es treten unter anderem
folgende Bezeichnungen auf: 1 für „genau 1", * für „keiner, einer oder mehrere", 0..1
für keiner oder einer, 1..* für „mindestens einer". Es sind weitere Kombinationen möglich wie 2 für „genau zwei", 4,6,10 für „vier, sechs oder zehn", 12..20 für „zwischen
12 und 20", 5..* für „mindestens 5" oder 0..5 für „höchstens fünf".

Assoziationen in UML Diagrammen können gerichtet sein, wie Abb. 5.1 zeigt. Der
Pfeil am Ende der Linie steht für „Navigierbarkeit", d. h. man kann von einem Objekt der
Klasse Class1 (in unserem Beispiel) auf sämtliche damit assoziierten Objekte von Class2
zugreifen. Wenn das Zielsystem eine relationale Datenbank ist, spielen diese Richtungen
keine Rolle, da dort die Assoziationen (außer n:m-Beziehungen) durch die Fremdschlüsselbeziehung Class1.fs = Class2.fs realisiert werden. Für ein Tupel a von Class1 bekommt
man alle dazu assoziierten Tupel b von Class_2 durch eine SQL-Anfrage:

```
SELECT b.*
FROM Class2 b
WHERE a.fs = b.fs
```

---

[2] Dies ist auch schon deshalb sinnvoll, da durch das weiter unten eingeführte Vererbungsprinzip
ein Objekt gleichzeitig Element mehrerer Klassen sein kann.

Bei n:m-Beziehungen, die durch eine neue Relation Rel12 und Fremdschlüssel
Class1.fs1=Rel12.fs1 und Class2.fs2=Rel12.fs2 realisiert werden, lautet die Abfrage

```
SELECT b.*
FROM Class2 b
JOIN Rel12 r USING(fs2)
WHERE a.fs1=r.fs1
```

Wenn das Zielsystem dagegen eine objektorienterte oder objektrelationale Datenbank
ist, kann die Richtung eine Rolle spielen, da Assoziationen auch durch Referenzen implementiert werden können – und Referenzen sind gerichtet.

Ein Klassendiagramm, das unsere Versanddatenbank (ohne Operationen) visualisiert,
ist in Abb. 5.2 zu sehen.

5.3   Aggregation und Komposition in UML

In dem Diagramm in Abb. 5.2 haben wir die abhängigen Entitäten Position und Girokonto jeweils als *Komponenten* (ausgefüllte Raute) dargestellt. Abbildung 5.3 zeigt jeweils
ein Beispiel für eine Aggregation und eine Komposition.

Durch die *Aggregation* wird ausgedrückt, dass Objekte einer Klasse in Objekten einer
anderen Klasse in gewisser Weise enthalten oder ihnen logisch zugeordnet sind. So ist
ein Motor ein Aggregat eines Kraftfahrzeugs; andere Aggregate des Kraftfahrzeugs sind
zum Beispiel die Räder, das Getriebe und die Bremsanlage. Ein Aggregat kann auch
gleichzeitig „mehrere Eltern" haben (vgl. [Balz00]).

Die *Komposition* ist ein Spezialfall der Aggregation mit der zusätzlichen Eigenschaft, dass die *Komponenten* nur im Zusammenhang mit mindestens und höchstens einem („genau einem") Vaterobjekt existieren können. Konkrete Beispiele für
die Komposition sind Gebäude mit ihren Teilen wie Zimmern, Dach, Eingängen,
Fensterlöchern, Kabelschächten. Ein abstraktes Beispiel sind Bestellungen mit ihren
Bestellpositionen.

Ob es sich im konkreten Fall um eine Komposition oder Aggregation handelt, hängt
als erstes von der Frage ab, ob es sich hier um eine Teil-Ganzes-Beziehung handelt. Als
zweites ist für die Entscheidung zwischen diesen Varianten die Frage zu stellen, ob ein
Teilobjekt unabhängig von dem Vaterobjekt existieren kann. Betrachten wir zum Beispiel einen modular aufgebauten Lehrgang, der aus Kurseinheiten besteht. Wenn Kurseinheiten auch unabhängig von dem Lehrgang bestehen können, handelt es sich um eine
Aggregation; wenn Kurseinheiten immer genau einem Lehrgang zugeordnet sind, handelt es sich um eine Komposition. Nicht jede Beziehung mit einer Existenzabhängigkeit
ist eine Komposition: in Abb. 5.2 ist beispielsweise der Artikel vom Mehrwertsteuersatz
existenzabhängig – die minimale Kardinalität ist 1!

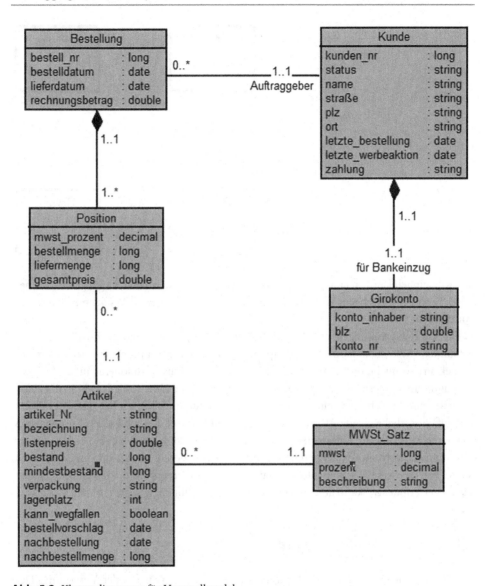

Abb. 5.2 Klassendiagramm für Versandhandel

In Abb. 5.2 stellen wir eine Bestellung als Komposition der Positionen dar. Ebenso kann ein Girokonto als Komponente des Kunden aufgefasst werden (ist dem Kunden untergeordnet; wird nur im Zusammenhang mit einem Kunden angelegt; wird gelöscht, wenn der Kunde gelöscht wird). In Abb. 5.6 stellen wir ein Fahrzeug dar, das verschiedene Aggregate enthält.

Ein Objekt in einer Komposition gehört immer genau einem Vaterobjekt an – ein Objekt einer Aggregation kann zu keinem, einem oder mehreren Vaterobjekten gehören. So kann ein Motor in einem Fahrzeug eingebaut sein oder auf Lager liegen (Kardinalität 0..1);

Abb. 5.3 Aggregation und
Komposition

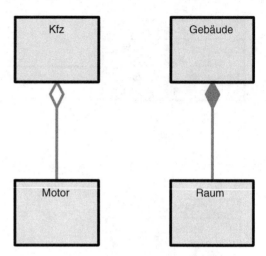

eine Kurseinheit kann zu einem Lehrgang gehören oder zu mehreren Lehrgängen (Kardinalität 1..*); ein Mitarbeiter kann an keinem, einem oder mehreren Projekten beteiligt sein (Kardinalität *).

Direkte Entsprechungen von Aggregation und Komposition sind im ER-Modell nicht vorhanden. Bestenfalls kann eine Komponente als abhängige Entität dargestellt werden. Umgekehrt gilt nicht, dass jede schwache Entität im ERM als Komponente im UML Klassendiagramm dargestellt werden kann. Der semantische Unterschied zwischen beiden Modellen macht sich hier geltend: das Konzept der Identifizierung über die Vaterentität und ggf. zusätzliche eigene Attribute, das wir beim ERM mit den schwachen Entitätstypen verbinden, spielt beim objektorientierten Klassendiagramm keine direkte Rolle, da wir Objekte nicht notwendig über Schlüsselattribute identifizieren.[3] Zum anderen ist es kaum vorstellbar, dass eine Komponente integraler Teil von mehreren disjunkten Ganzen ist, ein schwacher Entitätstyp kann aber von mehreren anderen abhängig sein.[4]

5.4   Das Vererbungskonzept

Ein wichtiges Konzept aus der Objektorientierung ist das Konzept der Vererbung. Der Begriff ist aus der Biologie entnommen, speziell aus der Klassifizierung von Lebewesen. So ist jedes Säugetier ein Wirbeltier und *„erbt"* alle Eigenschaften, die allen Wirbeltieren

---

[3] Bei der Implementierung eines schwachen Entitätstyps in einer relationalen Datenbank wird der Schlüssel der Vaterentität zum Schlüssel oder – bei mehreren „Kindern" – zum Schlüsselteil für die abhängige Entität.

[4] Im ERM unserer Versanddatenbank (siehe [UnMa12], Kap. 10) ist bestellposition als schwacher Entitätstyp abhängig von bestellung und artikel und wird in der relationalen Umsetzung durch die Kombination der übernommenen Schlüsselattribute bestell_nr und artikel_nr identifiziert.

gemein sind, z. B. wird die Stabilität des Körpers in erster Linie durch ein im Körper gelegenes System von Knochen oder Knorpeln gewährleistet; es hat einen geschlossenen Blutkreislauf, durch den die Körperzellen mit Nährstoffen und Sauerstoff versorgt werden, es hat einen Kopf mit einem Mund, durch den die Nahrung zugeführt wird, und zwei Linsenaugen. Des Weiteren ist jedes Raubtier ein Säugetier und erbt alle Eigenschaften der Säugetiere wie die Existenz von vier Extremitäten,[5] der Nachwuchs wird lebend geboren und in den ersten Tagen des Lebens durch Milchdrüsen des Muttertieres versorgt. Jeder Löwe ist ein Raubtier und *erbt* damit alle Eigenschaften von Raubtieren.

Für die Objektorientierung bedeutet das Vererbungsprinzip zum einen, dass es *Unterklassen* gibt, die weitere Attribute haben. Zum anderen wird das Verhalten der Oberklassen auf die Unterklassen vererbt – es kann aber auch überschrieben werden. Damit ist jedes Objekt einer Unterklasse auch gleichzeitig ein Objekt der entsprechenden Oberklasse (*jedes Säugetier ist ein Wirbeltier*), es hat aber in der Regel weitere Attribute, die es in der Oberklasse nicht gibt. So gibt es für Säugetiere Attribute wie *Länge der Vorderextremitäten* oder *Volumen der Lunge*, die nicht für alle Wirbeltiere sinnvoll sind, z. B. nicht für Fische.

Üblicherweise können Klassen Objekte enthalten, die nicht in irgendeiner Unterklasse liegen. Daneben gibt es *abstrakte* Klassen. Das sind Klassen, die selbst keine eigenständigen Objekte enthalten können, sondern alle ihre Objekte sind Objekte irgendeiner Unterklasse. Dieser Begriff spielt in der Informatik eine größere Rolle als in der Modellierung der realen Welt. Die Struktur einer Klasse legt fest, wie die Objekte dieser Klasse repräsentiert werden. Wenn wir zum Beispiel eine Klasse „geometrische Figuren" haben, die Kreise, Rechtecke und Dreiecke enthält, gibt es für jede der Unterklassen Kreis, achsenparalleles Rechteck und Dreieck eine eigenständige Repräsentation[6] – aber keine allgemeine Repräsentation für die Klasse der geometrischen Figuren. Bei abstrakten Klassen schreiben wir den Namen der Klasse kursiv oder das Wort „abstrakt" in geschweifte Klammern hinter den Namen der Klasse.

Wenn die Unterklassen disjunkt sind, können wir in der Oberklasse ein Attribut angeben, das festlegt, zu welcher Oberklasse das Objekt jeweils gehört. Dieses Attribut wird *Diskriminator* genannt.

Beispiel Versandhandel, mit Vererbung In unserem Datenmodell *Versandhandel* können wir jetzt die *Kunden mit Bankeinzug* als Unterklasse der Klasse der Kunden

---

[5] Wale sind auch Säugetiere, haben aber keine vier Extremitäten – dies zeigt die Grenzen dieses Modells in der Anwendung auf die Biologie. Auch sind Quadrate eine Spezialisierung von Rechtecken, haben aber weniger Attribute, nämlich nur eine Seitenlänge. Im objektorientierten Paradigma ist es dagegen nicht zulässig, dass Strukturen einer Oberklasse in einer Unterklasse verschwinden. Das Verhalten kann dagegen in einer Unterklasse neu definiert werden.

[6] Zum Beispiel Mittelpunkt und Radius für einen Kreis, linker unterer Punkt und Ausdehnung in x-Richtung und Ausdehnung in y-Richtung für ein achsenparalleles Rechteck, drei Punkte für ein Dreieck.

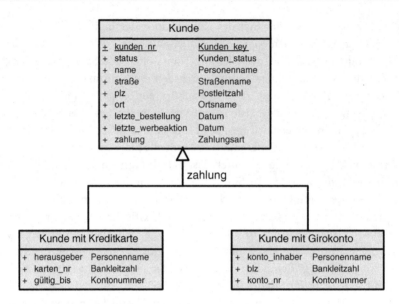

Abb. 5.4 Klassendiagramm für Versandhandel, Version 2

darstellen. Diese haben alle Attribute von Kunden und zusätzlich die Attribute, die ihr Girokonto beschreiben. Um zu zeigen, dass eine Oberklasse üblicherweise mehr als eine Unterklasse hat, haben wir die Kunden, die mit Kreditkarte zahlen, als weitere Unterklasse dargestellt. Die Klasse der Kunden ist nicht abstrakt, da es Kunden gibt, die weder mit Kreditkarte zahlen, noch am Bankeinzugsverfahren teilnehmen. In Abb. 5.4 stellen wir den Teil des Diagramms, der die Kundendaten enthält, als Klassendiagramm mit Vererbung dar.

Für die Umsetzung einer Vererbungshierarchie in ein Relationenschema gibt es vom Grundsatz her drei Möglichkeiten, eine davon in zwei Varianten:

- **Jede Klasse wird zu einer eigenständigen Relation**

  Für jede Klasse wird eine Relation gebildet, die die im Diagramm angegebenen Attribute enthält, d. h. für die Oberklasse die gemeinsamen Attribute und für die Unterklassen die jeweils zusätzlichen Attribute.

  Wenn es in der Oberklasse eine eindeutige Attributkombination gibt, wird diese zum Schlüssel der Oberrelation. Dieser Schlüssel wird gleichzeitig zum Schlüssel der Unterrelationen und Fremdschlüssel, um die zusätzlichen Daten der Unterklassen mit den jeweiligen Daten der Oberklasse zu verbinden.

  Falls die Oberklasse abstrakt ist und nur für die Unterklassen eindeutige Schlüssel definiert sind, werden in einem ersten Schritt die Schlüssel auf einen gemeinsamen Datentyp gebracht, zum Beispiel Zeichenketten mit der größten Schlüssellänge der einzelnen Unterrelationen. Der Primärschlüssel der Oberrelation wird dann aus einer

Kombination aus dem Diskriminator und diesem Schlüssel gebildet.[7] In diesem Falle kann es sinnvoll (wenn auch redundant) sein, den Diskriminator auch in den Primärschlüssel der Unterrelationen mit einzubeziehen.[8]

Diese Konstruktion ist sowohl bei abstrakten Oberklassen als auch bei normalen Oberklassen möglich. Einziger Nachteil: Die Daten, die zu einem Objekt gehören, sind jeweils auf zwei Relationen verteilt und müssen immer zur Laufzeit miteinander verknüpft werden.

- **Jede nicht abstrakte Klasse wird zu einer Relation, disjunkte Variante**
  Hier werden die Attribute der Oberklasse in die Unterklassen hineingezogen. Somit wird für jede Klasse, die eigene Objekte hat, eine Relation eingeführt, die die gesamten Daten der Objekte enthält. Die Oberklasse enthält dann nur die Objekte, die in keiner der Unterklassen enthalten sind.

  Schlüssel müssen hier nur für die jeweiligen Relationen eindeutig sein – sie müssen nicht eindeutig im Bereich der Oberklasse sein.

  Der Vorteil dieser Lösung besteht darin, dass die Daten, die zu einem Objekt gehören, zusammenhängend in einer Relation gespeichert sind.

  Ein Nachteil ist allerdings gegeben, wenn es Assoziationen zur Oberklasse gibt. Diese müssen nämlich gegebenenfalls für jede der Unterklassen getrennt verwaltet werden.

- **Jede nicht abstrakte Klasse wird zu einer Relation, redundante Variante**
  Hier werden die Attribute der Oberklasse in die Unterklassen hineingezogen. Somit wird für jede Klasse, die eigene Objekte hat, eine Relation eingeführt, die die gesamten Daten der Objekte enthält. Die Oberklasse enthält alle Objekte dieser Klasse, also redundanterweise auch die Objekte, die zusätzlich in einer der Unterklassen enthalten sind.

  Schlüssel müssen hier eindeutig im Bereich der Oberklasse sein.

  Die Vorteile dieser Lösung sind folgende: Die Daten, die zu einem Objekt gehören, sind zusammenhängend in einer Relation gespeichert. Es gibt keine Probleme mit Beziehungen zur Oberklasse, da alle Objekte, auf die sie sich beziehen, in der Oberklasse enthalten sind.

  Es ist allerdings eine Redundanz gegeben, die in der Datenbank sicher verwaltet werden muss (z. B. durch Trigger, vgl. Kap. 4).

- **Alle Daten werden in der Oberklasse gespeichert**
  Hier werden alle Attribute aller Unterklassen in die Oberklasse gezogen – alle Objekte werden in der Oberklasse gespeichert, wobei jeweils die Attribute, die nicht zu der entsprechenden Unterklasse gehören, mit einer Nullmarke zu versehen sind. Diese Lösung ist nur akzeptabel, wenn die Anzahl der eigenständigen Attribute der Unterklassen nicht zu groß ist.

---

[7] Der Schlüssel allein reicht üblicherweise nicht aus, da nicht sichergestellt werden kann, dass nicht in verschiedenen Unterklassen zufälligerweise identische Schlüssel auftreten.

[8] Der Grund liegt darin, dass in SQL und in anderen Systemen ein Fremdschlüssel von der Struktur her mit dem Primärschlüssel der Vaterrelation identisch sein muss.

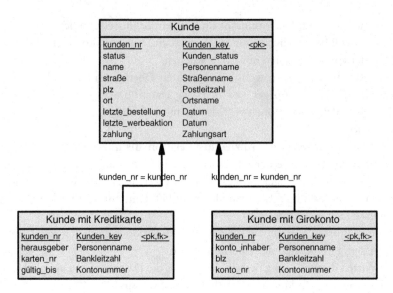

Abb. 5.5 Relationenmodell für Klassen mit Vererbung

Die Umsetzung von Abb. 5.4 in ein Relationenschema nach dem Grundsatz, dass jede Klasse zu einer eigenständigen Relation wird, ergibt das Schema in Abb. 5.5.

Beispiel Fahrzeugwartung Im Folgenden wird ein weiteres kleines Fallbeispiel eingeführt. Es geht um die Wartung und Inspektion von Fahrzeugen und Fahrzeugaggregaten in einem Verkehrsbetrieb. Das Modell ist durch folgende Aussagen beschrieben:

- Es gibt Fahrzeuge, Motoren, Bremsanlagen, Getriebe (und weitere Aggregate, die hier nicht betrachtet werden).
- Jedes Fahrzeug kann ein Aggregat von einer Klasse enthalten. Ein Aggregat kann auch fehlen, dann ist das Fahrzeug in der Werkstatt und nicht betriebsbereit.
- Jedes Fahrzeug und jedes Aggregat kann zu einer Variante gehören (z. B. Dieselmotor, Automatikgetriebe).
- Es gibt eine Liste von vorgeschriebenen Wartungen und Inspektionen, die zeitlich und/oder nach Laufleistung seit der letzten Wartung/Inspektion festgelegt sind. Diese Wartungen bzw. Inspektionen sind von der Klasse und der Variante abhängig.
- Die durchgeführten Wartungen und Inspektionen sind zu speichern.

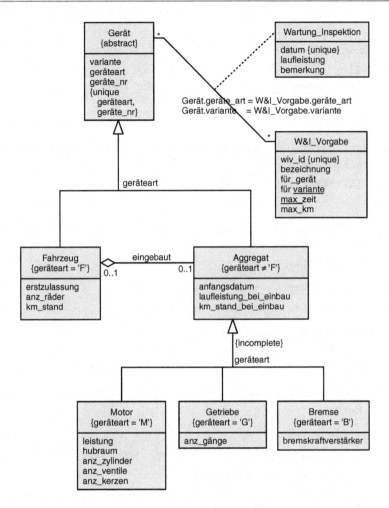

Abb. 5.6 Fahrzeugwartung

Die Attribute sind Abb. 5.6 zu entnehmen, Operationen haben wir ausgeblendet.

Bei dieser Umsetzung wird die `fahrzeug_nr`, `motor_nr`, `getriebe_nr` und `bremsen_nr` allgemein als `geräte_nr` bezeichnet und gemeinsam mit dem Diskriminator `geräteart` zum Primärschlüssel für alle Geräteklassen. Für die Klassen `Wartung_Inspektion` und `W&I_Vorgabe` wird jeweils ein Schlüssel vom System generiert. Somit ergibt sich folgendes Schema:

Gerät(geräteart, geräte_nr, variante)

Fahrzeug(
geräteart, geräte_nr, erstzulassung, anz_räder, km_stand)
FK: (geräteart, geräte_nr) -> Gerät

Aggregat(
geräteart, geräte_nr, anfangsdatum, laufleistung_bei_einbau,
    km_leistung_bei_einbau)
    FK: (geräteart, geräte_nr) -> Gerät

Motor(
geräteart, geräte_nr, leistung, hubraum, anz_zylinder,
 anz_ventile, anz_kerzen)
    FK: (geräteart, geräte_nr) -> Gerät

Getriebe(geräteart, geräte_nr, anz_gänge)
    FK: (geräteart, geräte_nr) -> Gerät

Bremsanlage(geräteart, geräte_nr, bremskraftverstärker)
    FK: (geräteart, geräte_nr) -> Gerät

W&I_Vorgabe(
w&i_vorgabe_nr, bezeichnung, für_gerät, für_variante, max_zeit,
    max_km)

Wartung_Inspektion(
wartung_inspektion_nr, w&i_Vorgabe_Nr, geräteart, geräte_nr,
 datum, laufleistung, bemerkung)
    FK: (geräteart, geräte_nr) -> Gerät
    FK: (W&I_Vorgabe_Nr) -> W&I_Vorgabe

Datenbankprogrammierung mit JDBC

6

Wir haben bisher den Zugang zu Daten nur über SQL und Datenbank-Werkzeuge kennen gelernt. Wir haben gesehen, dass dieses mit entsprechenden Werkzeugen sehr einfach ist. Wir können Dateien einfügen, ändern und löschen durch einfache Operationen. Wir können aber auch komplexe Abfragen in SQL formulieren und uns das Ergebnis sofort anschauen.

Allerdings sind SQL und die Werkzeuge für relationale Datenbanken nicht für den Endanwender geeignet – wenn wir von kleineren Anwendungen für sog. „Power-User" absehen, in denen Menschen mit SQL- und Datenbank-Kenntnissen ihre privaten oder betrieblichen Sammlungen mit einem kleinen SQL-System verwalten.

Wir brauchen Anwendungen für den Endanwender. Diese werden in einer Programmiersprache als eigenständige Anwendung oder Web-Anwendung geschrieben. Um auf unsere Datenbank zugreifen zu können, brauchen wir Möglichkeiten, Datenbank-Manipulationen im Rahmen eines Anwenderprogramms durchzuführen. Dieses sollen nicht nur die Möglichkeiten sein, einzelne Sätze einzufügen, zu ändern, zu löschen oder zu lesen. Wir wollen auf die vollen Möglichkeiten von SQL zurückgreifen können, um z. B. komplexe Verknüpfungen mehrerer Tabellen – vielleicht auch noch mit Unterabfragen oder Datengruppierung – in SQL zu formulieren und die Ergebnisse mit Hilfe der Programmiersprache weiter zu verarbeiten.

Inzwischen gibt es hier eine große Zahl unterschiedlicher Programmiersprachen, mit denen wir SQL-Datenbanken einbinden können und auch eine Reihe von unterschiedlichen Konzepten.

Wir beginnen mit JDBC (Java Database Connectivity), die eine sehr direkte Umsetzung der Konzepte von SQL in Java darstellt.[1] Zum Abschluss dieses Kapitels werden wir

---

[1] Der vollständige Quellcode der Beispiele kann über die Buchseite vom Verlagsserver herunter geladen werden.

M. Unterstein und G. Matthiessen, *Anwendungsentwicklung mit Datenbanken*, eXamen.press, DOI: 10.1007/978-3-642-39003-6_6, © Springer-Verlag Berlin Heidelberg 2013

dann noch auf andere Konzepte eingehen, die eine engere Bindung der SQL-Tabellen an Java-Klassen ermöglichen.

Dieses Buch enthält keine Einführung in die Programmierung in Java. Dazu verweisen wir auf Fachbücher zu Java, z. B. [KrHa11] oder [Ulle12], die jeweils auch eine Einführung in JDBC enthalten. Ebenso enthält dieses Buch keine vollständige Beschreibung aller Eigenschaften von JDBC. Dieses ist zum einen zu umfangreich und kann sich zum anderen auch weiter entwickeln. Genauere Beschreibungen der einzelnen Klassen finden sich in der Beschreibung der JDBC API.[2]

6.1   Datenbankverbindung

Wir gehen davon aus, dass unsere Beispiel-Datenbank[3] auf dem Rechner installiert und mit Daten gefüllt ist und ggf. gestartet[4] ist.

Wenn wir von Java aus mit einer Datenbank arbeiten wollen, müssen wir eine *Verbindung* herstellen. Dieses geschieht über ein Objekt der Klasse `Connection`. Es können auch mehrere Verbindungen zu verschiedenen Datenbanken hergestellt werden, um z. B. Daten aus einer Datenbank in eine andere zu kopieren.

6.1.1   Herstellung einer Verbindung zur Datenbank

Um eine Verbindung zur Datenbank herzustellen, benötigen wir einen JDBC-Treiber. JDBC-Treiber werden entweder mit dem Datenbanksystem ausgeliefert oder sind getrennt davon zu erwerben.[5] Hier wird der vom Hersteller mitgelieferte Datenbanktreiber des Datenbanksystems SQL Anywhere verwendet.

Wir zeigen jetzt zwei Konstruktoren, die eine Datenbankverbindung herstellen. Sie sind jeweils in einer Unterklasse der Klasse JDBC definiert.

---

[2] Referenz unter http://docs.oracle.com/javase/7/docs/api/siehe java.sql.

[3] In den Beispielen verwenden wir die Datenbank SQL Anywhere, Version 12. Wo bei anderen Systemen Änderungen erforderlich sind, gehen wir darauf ein. Auf dem Verlagsserver sind die Beispiele auch für einige andere Systeme.

[4] Bei SQL Anywhere muss die Datenbank (also z. B. Versand12) explizit als Serverprozess gestartet sein. Näheres dazu bei den Beispielen auf dem Verlagsserver oder im Herstellerhandbuch. Bei anderen Systemen muss entweder der Datenbankprozess gestartet sein (ohne Festlegung auf eine spezifische Datenbank) oder kann auch vom Programm aus gestartet werden. Vgl. Abschn. 1.3.

[5] Es gibt auch Treiber für Dateien, die Daten in einem tabellarischen Format speichern, z. B. für Excel-Dateien oder csv-Dateien. Hiermit können auf einfache Weise Daten in eine Datenbank übertragen werden, die in diesem Format vorliegen (z. B. Kontoauszüge, die über das Home-Banking als csv- oder xls-Dateien importiert werden können).

```
import java.sql.*;

// Verwendung des mitgelieferten JDBC-Treibers
//     sqlanywhere12/java/sajdbc4.jar
public class SqlAnywhere extends JDBC {
    public SqlAnywhere () throws SQLException {
        url = "jdbc:sqlanywhere:Server=Versand12";
        con = DriverManager.getConnection(url,user,passwd);
    } // Konstruktor
}
```

Die Verbindungsdaten werden in der Klassenvariable con gespeichert, die in der Ober-klasse JDBC deklariert ist und damit für alle Methoden der Klasse JDBC zur Verfügung steht – unabhängig davon, welcher konkreter Datenbanktreiber verwendet worden ist. Für die Herstellung einer Verbindung ist hier lediglich die Methode getConnection der Klasse DriverManager aufzurufen, der eine URL,[6] die Benutzernummer und das Passwort zu übergeben sind. Es ist immer die URL anzugeben – die Parameter für User-Id und Passwort können entfallen, wenn – bei kleineren Datenbanken – keine User-Id festgelegt worden ist.

Natürlich ist bei Endanwender-Programmen das Passwort immer vor der Verbin-dung vom Benutzer abzufragen. Bei der Datenbank-Entwicklung, wo ja ohnehin Test-daten zu verwenden sind, sollte man das Passwort wie im Beispiel direkt angeben.

Der URL enthält bei vielen Systemen auch die IP-Adresse des Hosts, d. h. des Rech-ners, auf dem die Datenbankmaschine läuft. Falls das derselbe Rechner ist, auf dem auch das Anwenderprogramm gestartet wird, kann hier localhost angegeben werden.

Anhand der Angabe sqlanywhere findet der DriverManager den hier benötigten JDBC-Treiber. Der DriverManager sucht dazu in den durch die Umgebungsvariable CLASSPATH angegebenen Verzeichnissen. Dort muss der JDBC-Treiber in einer jar-Datei enthalten sein. Bei Entwicklungsumgebungen wie Eclipse oder NetBeans ist das Java-Archiv im Projekt anzugeben. Beim Start des übersetzten Java-Programms von der Terminal-Konsole, ist der Pfad vorher anzugeben, z. B.:

```
export LD_LIBRARY_PATH=/opt/sqlanywhere12/lib64
java -cp.:/opt/sqlanywhere12/java/sajdbc4.jar Versand
```

Die Angabe von LD_LIBRARY_PATH ist speziell für die JDBC-Treiber für SQL Anywhere notwendig und verweist auf weitere notwendige Bibliotheksdateien (die nicht als Java-Klasse vorliegen). Bei anderen Systemen entfällt diese Angabe.

---

[6] Abkürzung für „Universal Resource Locator". Eine URL beschreibt allgemein eine Ressource, hier eine über JDBC anzusprechende Datenquelle, die die Schnittstelle sqlanywhere verwendet und sich auf einen Datenbank-Server mit Namen Versand12 bezieht.

Durch die Angabe

```
-cp .:/opt/sqlanywhere12/java/sajdbc4.jar
```

wird festgelegt, wo die Klassen zu suchen sind (jar-Dateien und Verzeichnisse mit class-Dateien). Hier also im aktuellen Verzeichnis („.", für die class-Dateien) und in der Datei /opt/sqlanywhere12/java/sajdbc4.jar, die den JDBC-Treiber enthält. Das Trennzeichen für die Klassen-Pfade und jar-Dateien ist das Semikolon bei Windows-Systemen und der Doppelpunkt bei Unix-Systemen.

Bei älteren JDBC-Treibern bekommen wir mit obigem Verfahren eine SQLException nach folgendem Muster:

```
No suitable driver found for
jdbc:sqlite:/home/guenter/DB/SQLite/Versand12
```

In diesen Fällen muss die Treiberklasse explizit dynamisch geladen werden. Der Name der Treiberklasse ist jeweils in der Dokumentation des JDBC-Treibers nachzuschlagen. In diesen Fällen müssen wir eine Verbindung in folgender Weise herstellen:

```
public SQLite() throws SQLException {
    try {
        // Laden der Treiberklasse
        treiberKlasse = "org.sqlite.JDBC";
        Class.forName(treiberKlasse);

        // Öffnen der Datenbank
        url = "jdbc:sqlite:/home/guenter/DB/SQLite/Versand12";
        con = DriverManager.getConnection(url);
    } catch (ClassNotFoundException exc) {
        System.out.println("*** Treiber " + treiberKlasse +
                            " konnte nicht geladen werden");

    }
} // Konstruktor
```

Durch Class.forName(treiberKlasse); wird im CLASSPATH eine Klasse mit dem angegebenen Namen gesucht und geladen. Der Name der Treiberklasse ist in der jeweiligen Dokumentation nachzuschlagen.

6.1.2 Klasse JDBC zur Verwaltung der Datenbank-Parameter

In dem Beispiel, das im Folgenden jeweils weiter ausgebaut wird, verwenden wir eine Klasse JDBC, die die Verbindung und einige kleinere Testprogramme enthält. Die Klassendefinition – ohne die Methoden – ist im Folgenden dargestellt:

```
import java.sql.*;
public class JDBC {
    Connection con=null;
    String dbName = "Versand12",
           user   = "chef",
           passwd = "versand",
           url    = "<null>",
           treiberKlasse = "<null>";

    ...

}
```

Die Schnittstellen für JDBC sind in der Klassenbibliothek `java.sql.*` definiert. Diese Klassenbibliothek gehört seit Java 1.1 zum Standardumfang von Java.

Die `Connection con` wird dann in den Beispielen verwendet. Sie wird mit `null` initialisiert, aber später mit einem Konstruktor instanziiert, der die Verbindung zur Datenbank aufbaut.

Die Angaben zu `user` und `passwd` sind entsprechend den Angaben unserer Beispieldatenbank gesetzt.

In die Zeichenkette `url` wird die Information geschrieben, die notwendig ist, den Datenbanktreiber und die Datenbank auszuwählen. In die Zeichenkette `treiber-Klasse` ist für einige ältere Treiber der Name der JDBC-Treiberklasse einzutragen, damit die Klasse dynamisch geladen werden kann (vgl. nächsten Abschnitt).

Das Hauptprogramm, mit dem die Tests gefahren werden, sieht im Wesentlichen wie folgt aus:

```
public class Versand {
    public static void main (String[] parm) {
        try {
            JDBC db = new SqlAnywhere();
            db.outputMessage();
            // hier folgen einige Tests

        } catch (Exception exc) {
                System.out.println("*** sonstiger Fehler:");
                System.out.println(exc.getMessage());
                exc.printStackTrace();
        }
    } // main
} // class Versand
```

Erläuterungen:

```
JDBC db = new SqlAnywhere();
```

Es wird ein Testobjekt `db` erzeugt, das die Verbindung zur Datenbank herstellt. Alle Testabfragen beziehen sich auf dieses Objekt. Da aber die Datenbanksysteme sich an einigen Stellen möglicherweise unterschiedlich verhalten, gibt es für jedes getestete Datenbanksystem eine Unterklasse, in denen der Konstruktor mit den jeweiligen Parametern und ggf. die abweichenden Methoden überschrieben werden. Diese Abweichungen sind sehr viel geringer als z. B. bei Datenbankprozeduren.

```
db.outputMessage();
```

Auf der Konsole wird in einem kurzen Text das benutzte Datenbanksystem und ggf. die Version ausgegeben.

```
} catch (Exception exc) {
    System.out.println("*** sonstiger Fehler:");
    System.out.println(exc.getMessage());
    exc.printStackTrace();
}
```

Für Fehler im Ablauf (z. B. keine Verbindung zur Datenbank herstellbar, syntaktisch falsche SQL-Anweisung, Verletzung einer Konsistenz-Regel) wird eine Exception geworfen, die hier abgefangen wird.

Für die Behandlung von SQLException, die eine Unterklasse von Exception ist, gibt es natürlich alle Methoden der Klasse Exception. Daneben gibt es noch einige SQL-spezifische Methoden. Insbesondere sind hier zu nennen:

- String getSQLState()
  Nach jeder Ausführung einer SQL-Anweisung gibt es einen SQLState[7]
- int getErrorCode()
  Der Errorcode oder SQLCode ist ein numerischer Wert, der von verschiedenen Herstellern unterschiedlich vergeben wird. Seit der Norm SQL-92 gilt er als veraltet.

Mit getSQLState() kann man gezielt Fehler behandeln.

6.2   Datenänderungen über JDBC

Wir starten mit einem kleinen Programm, das einen neuen Kunden in die Datenbank einbringt. Es geht hier um die Datenbank-Entwicklung und nicht um die Erstellung von ergonomischen Benutzer-Oberflächen. Wir werden daher Daten über System.out auf die Konsole ausgeben. Auf Dateneingabe über eine Benutzeroberfläche verzichten wir vollständig – die Werte von Variablen setzen wir direkt über Wertzuweisungen.

---

[7] Vgl. Abschn. 4.3.

```
// DELETE-Anweisung und INSERT-Anweisung
void doDeleteInsert() throws SQLException {
   int v_kunden_nr = 301;
   String v_name    = "Caesar, Julius",
          v_strasse = "Via Appia 3",
          v_plz     = "17004",
          v_ort     = "Rom";

   // SQL-Anweisungen als String
   String del =
       "DELETE FROM kunde WHERE kunden_nr >= " + v_kunden_nr;
   String ins =
       "INSERT INTO kunde" +
       "    (kunden_nr,name,strasse,plz,ort,status,zahlungsart)" +
       " VALUES(" + v_kunden_nr + ",'"  + v_name + "','"
                  + v_strasse   + "','" + v_plz  + "','"
                  + v_ort + "','G','N')";
   // Ausführung der Anweisung
   Statement st = con.createStatement();
   int anz = st.executeUpdate(del);
   System.out.println("    " + anz + " Sätze gelöscht");
   anz = st.executeUpdate(ins);
   System.out.println("    " + anz + " Sätze eingefügt");
   st.close();
} // doDeleteInsert
```

Wir erläutern im Folgenden das Programm und gehen dabei auf die grundsätzliche Logik der JDBC-Schnittstelle ein.

6.2.1 Die Klasse Statement

```
Statement st = con.createStatement();
```

Die Kommunikation mit dem SQL-Server läuft über eine *Anweisung* (Instanz der Klasse Statement).

Eine Anweisung wird von einer Verbindung erzeugt und kommuniziert nur mit dieser Verbindung. Eine Anweisung ist erstmal nur ein Behälter, mit dem später die SQL-Anweisung an den Datenbank-Server übertragen wird.

Es gibt noch zwei Unterklassen von Statement: PreparedStatement für parametrisierte Anweisungen und CallableStatement für die Ausführung von Datenbank-Prozeduren.[8] Bei diesen beiden Unterklassen wird beim Erzeugen einer Anweisung ein Argument

---

[8] Datenbank-Prozeduren sind in Kap. 4 eingeführt worden.

übergeben, das die SQL-Anweisung als String – mit Fragezeichen für die zu parametrisierenden Werte – enthält.

Eine Anweisung ist nach der letzten Verwendung zu schließen mit

```
st.close();
```

6.2.2 Ausführung einer Anweisung

```
int anz = st.executeUpdate(del);
...
anz = st.executeUpdate(ins);
```

Eine DML-Anweisung, die keine Ergebnisse zurück liefert (also z. B. INSERT, UPDATE,
DELETE) wird durch die Methode executeUpdate (*anweisung*) aufgerufen, wobei
anweisung die SQL-Anweisung als String ist. Die Methode liefert die Anzahl der eingefügten, geänderten oder gelöschten Sätze zurück.[9]

Ebenso ist eine DDL-Anweisung (z. B. CREATE USER) mit executeUpdate aufzurufen. Sie liefert immer den Wert 0 zurück.

6.2.3 Transaktionen in der Datenbank

Bei Anwendungsprogrammen ist in der Regel die Transaktionslogik zu beachten.[10]
Transaktionen beziehen sich immer auf eine Datenbankverbindung. Die erste Transaktion beginnt mit der Verbindung zur Datenbank. Eine Transaktion wird beendet durch
die Methode commit oder rollback. Es ist zu beachten, dass vor dem Schließen einer
Verbindung in der Regel die letzte Transaktion nicht automatisch abgeschlossen wird,
sondern explizit abgeschlossen werden muss.

Standardmäßig ist eine JDBC-Verbindung auf AUTOCOMMIT = true gesetzt. Das heißt,
dass nach jeder einzelnen SQL-Anweisung automatisch eine COMMIT-Anweisung ausgeführt wird. Die Verbindung kann jederzeit durch Aufruf der Methode setAutoCommit
auf false oder true gesetzt werden. Der Wert von AUTOCOMMIT mit getAutoCom-
mit() abgefragt werden, wie im folgenden Beispiel auch zu sehen ist.

Wir fügen hier zwei weitere Sätze in die Datenbank ein und löschen diese Sätze mehrfach, um das Verhalten von Transaktionen zu illustrieren. Den genauen Ablauf zum
Einfügen und Löschen von Sätzen erläutern wir in Abschn. 6.4; wir verwenden hier aber
schon einmal diese Anweisungen.

---

[9] Wenn wir auf die Angabe der Anzahl der geänderten Sätze verzichten, können wir – wie allgemein
in Java üblich – die Anweisung ohne eine Wertzuweisung ausführen: st.executeUpdate(del).

[10] Vgl. hierzu Abschn. 2.2.

```
public void doTransaction() throws SQLException {
   System.out.println("    Transaction: Test von Transaktionen");
   int anz; // Anzahl der gelöschten Sätze
   boolean isAutocommit; // Status der Eigenschaft AUTOCOMMIT

   // Abfragen des Autocommit-Status und Setzen auf false
   isAutocommit = con.getAutoCommit();
   System.out.println("    1: AUTOCOMMIT = " + isAutocommit);
   con.setAutoCommit(false);
   isAutocommit = con.getAutoCommit();
   System.out.println("    2: AUTOCOMMIT = " + isAutocommit);

   // Einfügen von zwei Kunden mit fester Adresse
   String ins =
         "INSERT INTO kunde" +
         "    (kunden_nr,status,name,strasse,plz,ort,zahlungsart)" +
         "VALUES(?,'G',?,'Hof 1','12345','Testort','N');";
   PreparedStatement stIns = con.prepareStatement(ins);
   stIns.setInt    (1,301);
   stIns.setString(2,"Testmann, Peter");
   anz = stIns.executeUpdate();
   stIns.setInt    (1,302);
   stIns.setString(2,"Testmann, Paul");
   anz += stIns.executeUpdate();
   System.out.println("    3: " + anz + " Sätze eingefügt");
   stIns.close();
   con.commit();

   // Aufbau der DELETE-Anweisung
   String del = "DELETE FROM kunde WHERE kunden_nr >= 300";
   PreparedStatement stDel = con.prepareStatement(del);

   // Ausführung der Anweisung
   anz = stDel.executeUpdate();
   System.out.println("    4: " + anz + " Sätze gelöscht");
   anz = stDel.executeUpdate();
   System.out.println("    5: " + anz + " Sätze gelöscht");
   con.rollback();

   anz = stDel.executeUpdate();
   System.out.println("    6: " + anz + " Sätze gelöscht");
   con.commit();

   anz = stDel.executeUpdate();
   System.out.println("    7: " + anz + " Sätze gelöscht");
   con.commit();
   con.setAutoCommit(true);
   stDel.close();
} // doTransaction
```

Erläuterungen:

```
String del = "DELETE FROM kunde WHERE kunden_nr >= 300";
PreparedStatement stDel = con.prepareStatement(del);
```

Übergabe einer DELETE-Anweisung an das Datenbanksystem, die später ausgeführt werden kann.

```
anz = stDel.executeUpdate();
```

Hier wird die oben erzeugte Anweisung ausgeführt. Als Ergebnis bekommen wir die Anzahl der gelöschten Sätze. Das Programm hat folgende Ausgabe:

```
*** Test von Transaktionen
    1: AUTOCOMMIT = true
    2: AUTOCOMMIT = false
    3: 2 Sätze eingefügt
    4: 2 Sätze gelöscht
    5: 0 Sätze gelöscht
    6: 2 Sätze gelöscht
    7: 0 Sätze gelöscht
```

Bei 4: werden die beiden vorher eingefügten Sätze (vorläufig) gelöscht, daher sind bei 5. Keine Sätze mehr zu löschen. Durch `con.rollback()` wird dann die Transaktion zurückgefahren, also die Löschungen werden rückgängig gemacht. Somit werden bei 6: die Sätze ein weiteres Mal gelöscht, was anschließend durch `con.commit()` endgültig in der Datenbank festgeschrieben wird.

Für lesende Zugriffe können die Transaction Isolation LevelIsolation Level[11] wichtig sein. Hierzu gibt es vier Konstanten in der Klasse `Connection`, die jeweils durch die Methode `setTransactionIsolation` gesetzt werden können:

- `TRANSACTION_READ_UNCOMMITTED`
- `TRANSACTION_READ_COMMITTED`
- `TRANSACTION_REPEATABLE_READ`
- `TRANSACTION_SERIALIZABLE`

Beispiel

```
con.setTransactionIsolation(
    Connection.TRANSACTION_READ_COMMITTED);
```

---

[11] Vgl. Abschn. 2.4.

6.3   Datenabfragen mit SELECT

Wir haben jetzt gezeigt, wie man Datenänderungen über ein Java-Programm vorneh-
men kann. Die einzigen Rückmeldungen, die wir hier brauchen, ist der SQLState und
die Anzahl der betroffenen Zeilen. Im folgenden Abschnitt werden wir zeigen, wie die
Ergebnismenge von (beliebig komplexen) SELECT-Anweisungen in einem Java-Programm übernommen werden kann.

Wir werden gleich eine etwas komplexere Abfrage benutzen, da alle SELECT-Anweisungen in JDBC gleich behandelt werden – die Auswertung der Anweisung unterliegt
der Datenbankmaschine, die die Ergebnisse an das Programm zurück liefert.

In dem Beispiel werden für alle Kunden aus dem PLZ-Bereich 23 jeweils die Summe
der Rechnungen der gelieferten Bestellungen und das Datum der letzten Bestellung ausgegeben. Hierbei sind auch die Kunden zu berücksichtigen, die nichts bestellt haben.
Zum Abschluss ist dann die Summe der Rechnungsbeträge auszugeben und das Datum
der letzten Bestellung. Das Ergebnis soll wie folgt aussehen:

```
Name              | letzte      | Anzahl        | Rechnungs-
                  | Bestellung  | Bestellungen  | betrag              *
----------------+-----------+-------------+----------
Randers, Nis      | 2012-05-15 |             2 | 2304,36
Staack, Hannes    | null        |             0 |    0,00
Stein, Peter      | 2012-04-28 |             1 |  200,67
Voss, Hans        | null        |             0 |    0,00
----------------+-----------+-------------+----------
gesamt            | 2012-05-15 |             3 | 2505,03
----------------+-----------+-------------+----------
```

Die Berechnung der Datenzeilen pro Kunde wird vollständig in SQL formuliert – die
Zusammenfassung wird in dem Java-Programm berechnet. Die auszuführende SELECT-
Anweisung hat also folgende Form:

```
SELECT k.name,
       MAX(b.bestelldatum), COUNT(b.bestell_nr),
       SUM(b.rechnungsbetrag)
FROM kunde AS k
LEFT JOIN bestellung AS b
     ON b.kunden_nr = k.kunden_nr
WHERE plz LIKE '23%'
GROUP BY name, strasse, plz, ort
ORDER BY plz, ort, strasse, name
```

Um die jeweils letzte Bestellung zu bestimmen, benötigen wir eine Funktion, die für zwei
Datumswerte den späteren zurückgibt, wobei eine Null-Referenz früher als alle anderen
Daten gilt. Hierbei ist anzumerken, dass die im Zusammenhang mit JDBC verwendete
Klasse `java.sql.Date` eine Unterklasse von `java.util.Date` ist, die einige merkwür-
dige Eigenschaften hat (z. B. werden Monate von 0 bis 11 gezählt; die Zählung der Jahre
beginnt bei 1900, so dass das Jahr 2013 durch den Wert 113 dargestellt wird.). Für viele

einfache Zwecke reicht diese Klasse – bei anspruchsvolleren Datums-Manipulationen muss man dann die Daten auf die Klasse `Calendar` konvertieren – was nicht ganz trivial ist.

```
public static Date maxDate(Date d1, Date d2) {
    return d1 == null ? d2 :
           d2 == null ? d1 :
           d1.after(d2) ? d1 : d2;
}
```

Das Programm hat dann folgende Form:

```
void doSelect() throws SQLException {
    String balken =
        "----------------+------------+--------------+-----------";
    String kopfFormat = "%-15s | %-10s | %-12s | %-8s%n";
    String dataFormat = "%-15s | %-10s | %12d | %8.2f%n";

    // Erstellung und Durchführung einer Abfrage
    String sql =
        "SELECT k.name, MAX(b.bestelldatum)," +
        "       COUNT(b.bestell_nr), SUM(b.rechnungsbetrag)" +
        " FROM kunde AS k" +
        " LEFT JOIN bestellung AS b" +
        "       ON b.kunden_nr = k.kunden_nr" +
        " WHERE plz LIKE '23%'" +
        " GROUP BY name" +
        " ORDER BY name";

    // Hole Ergebnis der Abfrage sql
    Statement st = con.createStatement();
    ResultSet rs = st.executeQuery(sql);

    System.out.printf(kopfFormat,
            "Name", "letzte",    "Anzahl",         "Rechnungs-");
    System.out.printf(kopfFormat,
            "",      "Bestellung", "Bestellungen", "betrag");
    System.out.println(balken);
    int    sum_anzahl     = 0;
    Date   max_lBestellung = null;
    double sum_rechnung   = 0.0;
    while (rs.next()) {
        String v_name       = rs.getString(1);
        Date   v_lBestellung = rs.getDate(2);
        int    v_anzahl      = rs.getInt(3);
        double v_rechnung    = rs.getDouble(4);
        System.out.printf(dataFormat, v_name,  v_lBestellung,
                                      v_anzahl, v_rechnung);
        sum_anzahl      += v_anzahl;
        max_lBestellung = maxDate(max_lBestellung, v_lBestellung);
        sum_rechnung    += v_rechnung;
    }
```

```
System.out.println(balken);
System.out.printf(dataFormat, "gesamt",
        max_1Bestellung, sum_anzahl, sum_rechnung);
System.out.println(balken);
 rs.close();
 st.close();
} // doSelect
```

Im Folgenden erläutern wir einzelne Teile des Programms.

Für die Ausgabe verwenden wir die Methode printf, mit der es auf einfache Weise möglich ist, Tabellen mit Werten in einer festgelegten Anzahl von Zeichen auszugeben. Der erste Parameter gibt jeweils das Druckformat an, in dem die Ausgabeformate der Daten mit den Längenangaben eingebettet sind, anschließend folgen die auszugebenden Daten.

6.3.1   Die Klasse ResultSet

Während eine relationale Datenbank bei Abfragen immer eine Menge von Datensätzen zurückgibt und die Datensätze nicht einzeln manipuliert, brauchen wir in einer imperativen Programmiersprache eine Möglichkeit, jeden einzelnen Datensatz der Ergebnismenge gezielt zu verarbeiten. Dieses erledigt die Klasse ResultSet, die die Sätze einer Ergebnismenge und ihre Attribute für die Verarbeitung über Methoden einzeln zur Verfügung stellt.

```
Statement st = con.createStatement();
ResultSet rs = st.executeQuery(sql);
```

Wie bei Datenänderungs-Anweisungen wird auch hier die Anweisung durch createStatement erzeugt. Die Ausführung dieser Anweisung wird durch executeQuery() erreicht. Das Ergebnis der Anweisung ist dann ein Objekt der Klasse ResultSet.

Über die *Ergebnismenge*, also das von executeQuery() zurück gegebene Objekt, kann man auf die einzelnen Zeilen des Ergebnisses zugreifen. Die Ergebniszeilen bilden eine Folge. Zu jedem Zeitpunkt gibt es eine aktuelle Position in dieser Folge. Diese Position kann vor dem ersten Element, auf einem Element oder hinter dem ersten Element sein. Zu Beginn ist die Position vor dem ersten Element.

6.3.2   Navigieren in der Ergebnismenge

Zum einfachen Navigieren in einer Richtung gibt es die Methode next mit dem Ergebnistyp boolean. Durch next wird die aktuelle Position um eins weiter gestellt – wenn sie schon hinter der letzten Zeile war, führt das zu einer Exception. Der zurückgegebene boolesche Wert ist true, wenn die aktuelle Position auf eine Zeile zeigt; er ist false, wenn er hinter der letzten Zeile steht.

Somit können wir mit folgender Konstruktion zeilenweise die gesamte Ergebnismenge abarbeiten.

```
ResultSet rs = st.executeQuery(sql);
while (rs.next()) {
    // zeilenweise Verarbeitung der Ergebnismenge
}
```

Wenn die Ergebnismenge leer ist, führt schon die erste Abfrage `rs.next()` zu `false`
und die Schleife wird nicht durchlaufen.

Andererseits können wir auch weitere Kriterien in eine Schleife einführen, zum Beispiel, dass wir maximal nur die ersten fünf Sätze der Ergebnismenge ausgeben wollen.
Dieses lässt sich zum Beispiel durch eine for-Schleife realisieren:

```
for (int satzNr=0; satzNr<5 && rs.next(); satzNr++) {
    // zeilenweise Verarbeitung der Ergebnismenge
}
```

6.3.3 Zugriff auf die Spalten der Abfrage

Jetzt müssen wir nur noch den Zugriff auf die einzelnen Spalten einer Zeile abbilden.
Hierzu gibt es Datenzugriffs-Methoden wie `getString`.

```
String v_name       = rs.getString(1);
Date   v_lBestellung = rs.getDate(2);
int    v_anzahl      = rs.getInt(3);
double v_rechnung    = rs.getDouble(4);
```

Die Bezeichner der Methoden fangen jeweils mit `get` an, der Rest des Bezeichners weist
auf den Ergebnis-Typ der Methode hin. Einige Beispiele[12]:

```
boolean getBoolean()
int     getInt()
long    getLong()
short   getShort()
float   getFloat()
double  getDouble()
Date    getDate()
String  getString()
```

Das Argument ist jeweils der Name der Spalte oder die relative Nummer (die Zählung
beginnt bei 1), die sich auf die Liste der Elemente in der SELECT-Klausel bezieht.

---

[12] Eine vollständige Liste ist in der Beschreibung der JDBC-API enthalten.

So könnten die Anweisung, die den Namen holt, auch wie folgt lauten:

```
String v_name = rs.getString("name");
```

Für die folgenden drei Anweisungen ist diese Alternative nicht möglich, da dort der Ausdruck keinen Spaltenalias besitzt.

In Hinblick auf die Effizienz ist keine der beiden Formen der anderen vorzuziehen. Wenn die SELECT-Anweisung mit SELECT * FROM … beginnt, ist es nicht sinnvoll (aber möglich), die Spalten mit der relativen Nummer anzusprechen.[13]

Umgekehrt muss die Spalte mit der relativen Nummer angesprochen werden, wenn sie aus einem Spaltenausdruck besteht und es keinen Spalten-Alias dazu gibt wie in unserem Beispiel die Spalte MAX(b.bestelldatum), die durch rs.getDate(2) angespochen wird.

Der Datentyp der Anweisung (z. B. String bei getString) bezieht sich auf den Datentyp, in den der Spaltenwert in dem Java-Programm gewandelt werden soll. Es muss nicht der Datentyp sein, der in der Datenbank verwendet wird. So kann getString für die meisten Datentypen verwendet werden, da es in SQL für die meisten Datentypen eine Konvertierung in String gibt. Umgekehrt kann aber auch eine Zeichenkette mit getInt abgefragt werden. Wenn die Zeichenkette die Form einer Zahl hat, wird sie in die Zahl konvertiert – andernfalls wird eine SQLException ausgelöst.

So könnten wir in unserem Beispiel auch die Postleitzahlen als int einlesen.[14]

```
int plz = rs.getInt("plz");
```

Wenn dann allerdings z. B. eine Postleitzahl 2386A erscheint, erfolgt eine SQL-Exception („Datenumwandlungsfehler").

6.3.4 Behandlung von Nullmarken

In SQL wie auch in Java haben wir das Konzept „Null". Das SQL-Konzept[15] der *Nullmarke* unterscheidet sich allerdings geringfügig von dem Konzept der *Nullreferenz* von Java:

- Der Vergleich mit einer Nullmarke in SQL liefert immer den Wert UNKNOWN der dreiwertigen Logik, auch wenn zwei Nullmarken in den Vergleich eingehen.
- In Java gilt die (zweiwertige) Boolesche Algebra; ein Vergleich zweier Nullreferenzen ergibt true, ein Vergleich einer Nullreferenz mit einer Referenz auf ein Objekt ergibt dagegen false.
- In Java gibt es Nullreferenzen nur für Klassen, nicht aber für die Basistypen wie int, float, boolean.

---

[13] Die Reihenfolge der Spalten kann sich bei einer Überarbeitung der Datenbankstruktur schließlich ändern.

[14] Ob das in diesem Beispiel sinnvoll ist, lassen wir mal dahingestellt.

[15] Ausführlich behandelt in Abschn. 5.2 unseres ersten Bandes.

In dem letzten Beispiel haben wir an einer Stelle Nullmarken behandelt: Der Ausdruck MAX(b.bestelldatum) ist eine Nullmarke, wenn der Kunde noch keine Bestellung aufgegeben hat. Im Java-Programm fragen wir in der Funktion maxDate auf null ab.

Eine Nullmarke als Ergebnis einer Abfrage wird auf null gesetzt, wenn der Java-Datentyp eine Klasse ist (also z. B. String oder Date). Bei numerischen Datentypen bekommen wir die Zahl 0, bei dem Datentyp boolean den Wert false. In den letzteren Fällen können wir nicht unmittelbar zwischen der Zahl 0 bzw. dem logische Wert false und einer Nullmarke unterscheiden.

Um diese Unterscheidung durchzuführen, ist in der Klasse ResultSet noch die Methode wasNull() eingeführt, die einen Booleschen Wert zurück gibt.

Diese Methode ist nach einer getter-Methode (z. B. getInt) aufzurufen und gibt den Wert true zurück, falls der letzte Aufruf einer getter-Methode eine Nullmarke als Ergebnis hatte.

Wenn wir in einer INSERT- oder UPDATE-Anweisung eine Nullmarke einer Spalte zuweisen wollen, können wir natürlich in der SQL-Anweisung das Schlüsselwort NULL verwenden. Bei parametrisierten SQL-Anweisungen[16] brauchen wir aber eine Möglichkeit, mitzuteilen, dass für eine numerische oder Datums-Spalte eine Nullmarke einzutragen ist. Dieses führen wir in 6.4.2 ein.

6.4   Parametrisierte SQL-Anweisungen

In den bisherigen Beispielen haben wir jeweils die SQL-Anweisungen schon im Programm vollständig als String festgelegt.

In der Praxis tritt aber häufiger das Problem auf, dass im Rahmen einer Anwendung die SQL-Anweisung dynamisch aufzubauen ist. Dieses ist zum Beispiel die INSERT-Anweisung, wenn wir für einen neuen Kunden die Kundendaten aufnehmen und in die Datenbank einfügen wollen. Oder wenn wir für einen Kunden, dessen Kundennummer wir wissen, die Liste seiner Bestellungen im letzten Jahr haben wollen.

Wir können natürlich hier den String für die SQL-Anweisung mit Hilfe der eingelesenen Daten zusammenbauen und dann durch executeUpdate in die Datenbank bringen, wie wir es in Abschn. 6.2 durchgeführt haben. Der Aufruf der JDBC-Methode erfolgt durch folgende Anweisungen:

```
String ins =
    "INSERT INTO kunde" +
    "    (kunden_nr,name,strasse,plz,ort,status,zahlungsart)" +
    " VALUES(" + v_kunden_nr + ",'"  + v_name + "','"
            + v_strasse   + "','" + v_plz + "','"
            + v_ort + "','G','N')";
Statement st = con.createStatement();
st.executeUpdate(ins);
```

---

[16] Wird im folgenden Abschnitt eingeführt.

Die generierte SQL-Anweisung lautet hier:

```
INSERT INTO kunde
    (kunden_nr,name,strasse,plz,ort,status,zahlungsart)
    VALUES(301,'Caesar, Julius','Via Appia 3','17004','Rom','G','N')
```

Dieses Vorgehen hat drei gravierende Probleme:

- Es ist nicht übersichtlich.
  Man beachte hier die Folgen + ",'"
- Es ist nicht effizient.
  Wenn in einem Programm mehrfach dieselbe Anweisung mit unterschiedlichen Parametern ausgeführt wird, muss jedes Mal von Neuem die Anweisung von der Datenbankmaschine syntaktisch und semantisch untersucht werden, bevor sie ausgeführt wird.
- Es ist eine Schwachstelle, die ggf. von Angreifern ausgenutzt werden kann, um unzulässige Angriffe auf die Datenbank zu führen.

Um die Schwachstelle zu demonstrieren, ändern wir den Wert für ort. Diese Eingabe könnte zum Beispiel durch eine Eingabe in einem Browser-Fenster erfolgen.

```
String ort =
"Rom','S','R'); DELETE FROM kunde WHERE kunden_nr=300 --";
```
Es sind jetzt zwei Anweisungen geworden und ein Kommentar[17]:

```
INSERT INTO kunde
    (kunden_nr,name,strasse,plz,ort,status,zahlungsart)
    VALUES(301,'Caesar, Julius','Via Appia 3','17004','Rom','S','R');
    DELETE FROM kunde WHERE kunden_nr=300 --','G','R'),
```

Ergebnis:
Der neue Kunde hat die Privilegien eines Stammkunden und der Kunde mit der Kundennummer 300 ist gelöscht.

Dieser Angriff wird SQL-Injection genannt. Er ist – obwohl Gegenmaßnahmen sehr einfach sind (wir gehen gleich darauf ein) – immer noch einer der häufigsten Angriffe gegen Programme im Internet. Es können beliebig andere Anweisungen eingebettet werden.

6.4.1 PreparedStatement

Die Klasse PreparedStatement ist eine Unterklasse von Statement. Ein Objekt dieser Klasse ist eine parametrisierte Anweisung und wird durch Aufruf der Methode

---

[17] Durch den Kommentar wird die Folge der Zeichen ','G','N'), die nach der Anweisung eingebaut wird, dem SQL-Parser entzogen.

prepareStatement erzeugt; dabei ist ein String mit der SQL-Anweisung zu übergeben, bei dem die zu parametrisierenden Felder durch ein Fragezeichen festgelegt werden.

```
String ins =
"INSERT INTO kunde" +
"    (kunden_nr,name,strasse,plz,ort,status,zahlungsart) "+
" VALUES(?,?,?,?,?,'G','N')";
```

Diese Fragezeichen werden dann anschließend durch setter-Methoden mit Werten belegt. Das erste Argument ist jeweils die Nummer des Fragezeichens. Die Zählung beginnt bei 1. Hier das Programm.

```
void doPrepared() throws SQLException {
    int   v_kunden_nr = 304;
    String v_name     = "Caesar, Julius",
           v_strasse  = "Via Appia 3",
           v_plz      = "17004",
           v_ort      = "Rom";

    // Aufbau der DELETE-Anweisung
    String del = "DELETE FROM kunde WHERE kunden_nr >= ?";
    PreparedStatement stDel = con.prepareStatement(del);

    // Aufbau der INSERT-Anweisung
    String ins = "INSERT INTO kunde" +
        "(kunden_nr,name,strasse,plz,ort,status,zahlungsart)" +
        " VALUES(?,?,?,?,?,'G','N')";
    PreparedStatement stIns = con.prepareStatement(ins);

    // Löschen einiger Sätze
    stDel.setInt(1, v_kunden_nr);
    int anz = stDel.executeUpdate();
    System.out.println("    " + anz + " Sätze gelöscht");

    // Einfügen eines Satzes
    stIns.setInt    (1, v_kunden_nr);
    stIns.setString(2, v_name);
    stIns.setString(3, v_strasse);
    stIns.setString(4, v_plz);
    stIns.setString(5, v_ort);
    anz = stIns.executeUpdate();
    System.out.println("    " + anz + " Sätze eingefügt");

    stDel.close();
    stIns.close();} } // doPrepared
```

Wenn wir hier für ort wieder den o. a. Injektionsstring angeben, wird eine SQL-Exception ausgelöst, da der String für Ort zu lang ist. Wenn wir ort aber etwa mit VARCHAR(120) deklariert hätten, wäre dieser lange String eben die Bezeichnung des

Ortes (mit den Apostrophs etc.). Das ist aber unproblematisch, da der SQL-Parser nicht die Dateninhalte parst, sondern nur die SQL-Anweisungen.

Der Datentyp der setter-Methode ist wiederum der Datentyp, in dem der Wert des Arguments an die Datenbank-Maschine gesendet wird. Es muss nicht der Datentyp der Spalte in der Datenbank sein, sondern nur konvertierbar in diese.

Eine parametrisierte Anweisung kann für mehrere Übertragungen an die Datenbank benutzt werden. Es sollen Daten aus einer Datei eingelesen werden und in eine Datenbank übertragen werden. Dazu ersetzen wir in obigem Beispiel den Teil nach `//Einfügen eines Satzes` durch folgende Anweisungen:

```
// Einfügen einiger Sätze
boolean satz_gelesen = true;
int zaehler = 0;
do {
    // Hole name, strasse, plz, ort aus Datei
    // falls letzter Satz, setze satz_gelesen auf false
    // Hier Test mit generierten Testdaten
        String v_name    = "Person" + zaehler;
        String v_strasse = "Weserstraße " + zaehler;
        String v_plz     = "27574";
        String v_ort     = "Bremerhaven";
        stIns.setInt    (1, v_kunden_nr++);
        stIns.setString(2, v_name);
        stIns.setString(3, v_strasse);
        stIns.setString(4, v_plz);
        stIns.setString(5, v_ort);

        if (zaehler > 4)
            satz_gelesen = false;
        else
            zaehler += stIns.executeUpdate();
} while (satz_gelesen);
System.out.println("    " + zaehler + " Sätze eingefügt");
```

Wie wir hier sehen, wird die parametrisierte Anweisung, die einmal initialisiert ist, hier mit immer neuen Werten wieder aufgerufen.

6.4.2 Nullmarken als Parameter

Wenn für einen zu besetzenden Parameter eine Nullmarke übergeben werden soll, gibt es wie bei den ResultSets zwei Möglichkeiten:

- Falls ein Objekt einer Klasse übergeben wird (z. B. `String`), ist eine null-Referenz zu übergeben.
- Falls ein numerischer oder logischer Wert übergeben werden soll, ist die Methode `setNull` zu verwenden, die als zweites Argument einen int-Wert hat, der den SQL-Datentyp beschreibt (z. B. `Types.INTEGER`).

In dem folgenden Beispiel werden drei neue Artikel in die Datenbank aufgenommen. Bei dem zweiten Artikel ist die Verpackung ein leerer String und der Lagerplatz eine Nullmarke, bei dem dritten Artikel ist für das Attribut Verpackung eine Nullmarke einzutragen.

```
void doPreparedNull() throws SQLException {
    String[] a_artikel_nr   = {"G017", "G018", "G019"};
    int    [] a_mwst        = { 2,      2,       2  };
    String[] a_bezeichnung  = {"Bier", "Rum", "Korn" };
    double[] a_listenpreis  = {38.95,   9.95,  7.98  };
    int    [] a_minBestand  = {30,      0,       0   };
    String[] a_verpackung   = {"Fass", "",     null };
    int    [] a_lagerplatz  = { 4,     -1,       7   };

    // Aufbau der Anweisungen
    String del = "DELETE FROM artikel WHERE artikel_nr LIKE ?";
    String ins =
        "INSERT INTO artikel" +
        "    (artikel_nr,mwst,bezeichnung,listenpreis," +
        "    bestand,mindestbestand,verpackung,lagerplatz)" +
        " VALUES(?,?,?,?,0,?,?,?)";

    // Ausführung der Anweisungen
    PreparedStatement stDel = con.prepareStatement(del);
    stDel.setString(1,"G01_");
    int anzDel = stDel.executeUpdate();
    System.out.println("    " + anzDel + " Sätze gelöscht");

    PreparedStatement stIns = con.prepareStatement(ins);
    int anzIns = 0;
    for (int i = 0; i < 3; i++) {
        stIns.setString(1, a_artikel_nr[i]);
        stIns.setInt    (2, a_mwst[i]);
        stIns.setString(3, a_bezeichnung[i]);
        stIns.setDouble(4, a_listenpreis[i]);
        stIns.setInt    (5, a_minBestand[i]);
        stIns.setString(6, a_verpackung[i]);
        if (a_lagerplatz[i] >= 0)
            stIns.setInt(7, a_lagerplatz[i]);
        else
            stIns.setNull(7, Types.INTEGER);
        anzIns += stIns.executeUpdate();
    }
    System.out.println("    " + anzIns + " Sätze eingefügt");
    stDel.close();
    stIns.close();
} // doPreparedNull
```

In dem Beispiel kann man sehen, dass bei der Eingabe der Verpackung (Typ String) jeweils der Aufruf mit stIns.setString(6,a_verpackung[i]) erfolgt. Es ist also keine Unterscheidung im Aufruf zu treffen – der JDBC-Treiber trifft die Entscheidung, ob es eine null-Referenz ist oder nicht. Bei der Eingabe des Lagerplatzes (wo wir im Programm „nicht vorhanden" durch -1 codiert haben), müssen wir explizit eine Fallunterscheidung treffen und entweder die Methode setInt oder setNull zu verwenden.

6.4.3 CallableStatement

Grundsätzlich könnte man mit parametrisierten Anweisungen auch Datenbank-Prozeduren behandeln. Allerdings können wir mit parametrisierten Anweisungen keine OUT- oder INOUT-Parameter einer Datenbank-Prozedur behandeln. Daher brauchen wir eine weitere Unterklasse von PreparedStatement zur Behandlung von Datenbank-Prozeduren.

In dem folgenden Beispiel verwenden wir die in Abschn. 4.1.5 eingeführte Datenbank-Prozedur mit folgender Signatur:

```
CREATE PROCEDURE lieferung(
        IN   best_nr INTEGER,
        IN   arti_nr CHAR(4),
        IN   anzahl INTEGER,
        OUT fehler INTEGER)
```

Der dreimalige Aufruf dieser Prozedur mit unterschiedlichen Parametern erfolgt in folgender Methode:

```
void doCallable() throws SQLException {
    final int v_best_nr = 153;
    final String[] a_arti_nr = { "G001", "L002", "L003" };
    final int[]    a_anzahl  = { 2, 6, 20 };
    int err_code;

    // Ausführung der Anweisung
        CallableStatement st =
            con.prepareCall("{call lieferung(?,?,?,?)}");
        st.setInt(1, v_best_nr);
        st.registerOutParameter(4, Types.INTEGER);
        for (int i = 0; i < 3; i++) {
            st.setString(2, a_arti_nr[i]);
            st.setInt    (3, a_anzahl[i]);
            st.execute();
            err_code = st.getInt(4);
            System.out.println("Satz "+i+", Error-Code=" + err_code);
        }
        st.close();
    } // doCallable
```

Das meiste kennen wir schon. Es folgen einige Erläuterungen der neu einzuführenden Methoden.

```
CallableStatement st =
con.prepareCall("{call lieferung(?,?,?,?)}");
```

Ein `CallableStatement` wird durch die Methode `prepareCall` erzeugt – ähnlich wie ein `PreparedStatement` mit `prepareStatement`. Auffällig sind hier die geschweiften Klammern um die Anweisung.

Bei den meisten Datenbanksystemen können wir diese geschweiften Klammern weglassen. Geschweifte Klammern in Argumenten bedeuten in JDBC, dass der Inhalt dieser Klammern möglicherweise an die SQL-Syntax der entsprechenden Datenbank anzupassen ist. Dies ist zum Beispiel bei PostgreSQL der Fall, wo der JDBC-Treiber[18] dem SQL-Parser die Anweisung

```
SELECT Lieferung(?,?,?,?)
```

übergibt.

```
st.registerOutParameter(4, Types.INTEGER);
    ...
err_code = st.getInt(4);
```

Hier wird das vierte Argument als OUT- oder INOUT-Parameter vorbereitet. Wir können dann den Rückgabewert mit der Methode `getInt` holen. Das Datenbanksystem ist jetzt darauf vorbereitet, dass der Rückgabewert vom Typ `INTEGER` ist (falls notwendig, wir er auf diesen Typ konvertiert).

6.5   Aufruf von Datenbankprozeduren mit Ergebnismenge

In Abschn. 4.2.3 haben wir Datenbank-Prozeduren eingeführt, die eine Ergebnismenge zurück geben. Die Behandlung dieses Falles zeigen wir in folgendem Beispiel. Es soll die in Abschn. 4.2.3 eingeführte Prozedur benutzt werden, wobei wir hier einige Spalten der Ergebnismenge weglassen:

```
CREATE FUNCTION zeigeBestellposParaKunde(
               IN i_kunde VARCHAR(30),
               IN i_ort VARCHAR(25)
               )
RETURNS TABLE (
        kunden_name        VARCHAR(30),
        bestelldatum       DATE,
        bestell_nr         INTEGER,
        artikel_nr         VARCHAR(4),
        artikelbezeichnung VARCHAR(30),
        listenpreis        DECIMAL,
        angew_mwstsatz     DECIMAL,
        ...
        )
```

---

[18] Wir erinnern uns: der JDBC-Treiber ist immer speziell für das entsprechende Datenbanksystem angepasst. Daher kann dieser Treiber spezielle Anweisungen an die Syntax der Zieldatenbank anpassen.

Die Java-Methode sieht wie folgt aus:

```
void doCallWithResultSet() throws SQLException {
    CallableStatement st = con.prepareCall(
        "{call zeigeBestellposParaKunde(?,?)}");
    st.setString(1, "Stein");
    st.setString(2, "Kayhude");
    st.execute();
    ResultSet rs = st.getResultSet();
    while (rs.next()) {
        String v_kunden_name    = rs.getString(1);
        Date   v_bestelldatum   = rs.getDate  (2);
        int    v_bestell_nr     = rs.getInt   (3);
        String v_artikel_nr     = rs.getString(4);
        String v_aBezeichnung   = rs.getString(5);
        Double v_listenpreis    = rs.getDouble(6);
        Double v_angew_mwstsatz = rs.getDouble(7);
        System.out.printf(
            "%s: %s %d: %4s %-12s %7.2f€ %2.0f%%%n",
            v_kunden_name,
            v_bestelldatum, v_bestell_nr,
            v_artikel_nr,   v_aBezeichnung,
            v_listenpreis,  100*v_angew_mwstsatz);
    }
    st.close();
} // doCallWithResultSet
```

Das einzig Neue ist hier der Aufruf der Methode getResultSet, der uns die Ergebnis-menge der Prozedur liefert.[19]

```
ResultSet rs = st.getResultSet();
```

6.6   Metadaten

Bisher sind wir davon ausgegangen, dass wir für eine spezielle Datenbank eine Anwen-dung entwickeln. Dazu können wir davon ausgehen, dass wir die Struktur der Daten-bank so weit kennen, wie es für den Anwendungsfall notwendig ist.[20]

Es gibt aber auch Fälle, in denen der Programmierer die Datenbankstruktur nicht voll-ständig kennt. Er hat dann die Möglichkeit sich diese Informationen aus dem Systemkata-log der Datenbank zu holen (vgl. Kap. 7). Daneben bietet JDBC selber die Möglichkeit,

---

[19] Grundsätzlich kann eine Datenbankprozedur auch mehrere Ergebnismengen zurückliefern. Dieses behandeln wir hier nicht und verweisen statt dessen auf die JDBC-API von Java.

[20] Es reicht natürlich, dass wir entsprechend dem ANSI-Sparc-Dreischichten-Modell das externe Schema für unseren Anwendungsbereich kennen (vgl. z. B. [UnMa12, S. 10].

Informationen über Abfragen und über die Datenbank zu erhalten. Dieses ist unter anderem notwendig, wenn man ein Datenbank-Administrationsprogramm[21] entwickeln will.

Wir bringen hier nur einen kleinen Ausschnitt aus den Möglichkeiten – bei weiterem Interesse verweisen wir auf die JDBC API. Im Folgenden wollen wir die Ergebnisse einer einfachen Abfrage, nämlich SELECT * FROM kunde, präsentieren, ohne dass wir dazu vorher die Beschreibung der Spalten der Tabelle kunde beschaffen müssen. Es werden jeweils maximal drei Sätze einer Tabelle ausgegeben.

Dieses wird in dem folgenden Beispielprogramm erledigt:

```
public void doResultSetMetaData() throws SQLException {
    // Ausführung der Anweisung
    String sel = "SELECT * FROM kunde";
    Statement st = con.createStatement();
    ResultSet rs = st.executeQuery(sel);
    ResultSetMetaData meta = rs.getMetaData();
    int anzSpalten = meta.getColumnCount();
    for (int satzNr = 1; satzNr <= 3 && rs.next(); satzNr++) {
        System.out.println("Satz " + satzNr);
        for (int spNr=1; spNr <= anzSpalten; spNr++) {
            String colNam = meta.getColumnName(spNr);
            String colTyp = meta.getColumnTypeName(spNr);
            String colVal = rs.getString(spNr);
            System.out.printf("   %-18s %-8s = %-10s%n",
                    colNam, colTyp, colVal);
        }
    }
    st.close();
} // doResultSetMetaData
```

Wir erzeugen hier ein Objekt der Klasse ResultSetMetaData, das den Zugriff auf die Metadaten der Ergebnismenge erlaubt.

```
ResultSetMetaData meta = rs.getMetaData();
int anzSpalten = meta.getColumnCount();
```

Durch meta.getColumnCount() bekommen wir die Anzahl der Spalten der abgefragten Tabelle. Wir können uns dann die Bezeichner und Datentypen der Ergebnisspalten holen.

```
for (int spNr=1; spNr <= anzSpalten; spNr++) {
    String colNam = meta.getColumnName(spNr);
    String colTyp = meta.getColumnTypeName(spNr);
    String colVal = rs.getString(spNr);
    System.out.printf("   %-18s %-8s = %-10s%n",
            colNam, colTyp, colVal);
}
```

---

[21] Beispiele hierfür sind Sybase Central für SQL Anywhere, MySQL Workbench, PgAdmin III für PostgreSQL, aber auch kommerzielle Programme wie EMS SQL-Manager für u. a. MySQL, Oracle, PostgreSQL oder freie Produkte wie SQuirreL oder das SQL-Explorer Plugin von Eclipse.

Wir holen uns hier für jede Spalte der jeweils aktuellen Ergebniszeile den Namen der Spalte, ihren Datentyp und ihren Wert. Wir gehen in diesem Beispiel davon aus, dass alle Daten als String dargestellt werden können.[22] Die Daten werden dann jeweils linksbündig mit fester Spaltenlänge ausgegeben.

Das Ergebnis sieht für den ersten Satz wie folgt aus (bei SQL Anywhere):

```
Satz 1
    kunden_nr         INT     = 100
    status            CHAR    = S
    name              VARCHAR = Voss, Hans
    strasse           VARCHAR = Kuhdamm 12
    plz               CHAR    = 23863
    ort               VARCHAR = Nienwohld
    letzte_bestellung DATE    = null
    letzte_werbeaktion DATE   = 2011-12-01
    zahlungsart       CHAR    = N
```

Es gibt weiter gehende Möglichkeiten. So gibt es neben den `ResultSetMetaData` auch noch `DatabaseMetaData`, mit denen wir z. B. eine Liste aller Tabellen, für jede Tabelle eine Liste aller Spalten mit ihren Datentypen, Primärschlüsseln und Fremdschlüsseln bekommen können. Hier sei auf die JDBC API verwiesen.

6.7 Object Relational Mapping

Wenn man die Datenmodellierung und SQL und Java vergleicht, stellt man eine Reihe von Gemeinsamkeiten fest. So können wir eine SQL-Tabelle mit einer Java-Klasse verknüpfen, indem wir für jede SQL-Spalte ein entsprechendes Klassen-Attribut anlegen. Unsere SQL-Tabelle `kunde` könnte in folgender Weise auf eine Java-Klasse `Kunde` abgebildet werden:

```
public class Kunde {
    public int      kunden_nr;
    public String   name;
    public String   strasse;
    public String   plz;
    public String   ort;
    public char     status;
    public char     zahlungsart;
    public Date     letzte_bestellung;
    public Date     letzte_werbeaktion;
    ...
}
```

Um einen Kunden mit vorgegebener Kundennummer aus der Datenbank zu holen, müssen wir aber einigen Aufwand treiben und alle Spalten einer Ergebnismenge

---

[22] Dieses ist bei Binary Large Objects nicht immer der Fall. Wir könnten aber auch diese Fälle explizit abfangen. In unserem Beispiel verzichten wir darauf.

einzeln auf die Attribute der Java-Klasse übertragen. Dieses nennt man den *Object Relational Gap.*

Eine Lösung dieses Problems wären Aufrufe, die im Folgenden beschrieben werden. Hier gibt es jeweils ein Argument con, das sich auf eine Connection auf die Datenbank bezieht, die die Tabelle Kunde enthält.

Zum Holen der Daten eines Kunden aus der Datenbank brauchten wir folgenden Aufruf:

```
Kunde ku = new Kunde(con, "kunden_nr = 102");
```

oder

```
Kunde ku = new Kunde(con, "name LIKE 'Stein'");
```

Letzteres würde zu einer Ausnahmebedingung führen, wenn es keinen Kunden gibt, der mit „Stein" beginnt, oder mehrere Kunden mit dieser Bedingung.

Ebenso ist es wünschenswert, wenn man ein Kunden-Objekt direkt mit einer Anweisung in die Datenbank einbringen könnte, etwa durch

```
ku.insert(con);
```

Durch

```
ku.update(con);
```

könnte man die Daten eines Kunden ändern, indem für den Kunden mit der entsprechenden kunden_nr in der Datenbank alle Spalten entsprechend den Attributen der Java-Klasse ändert.

Schließlich wäre durch die Anweisung

```
ku.delete(con);
```

der Kunde mit der entsprechenden kunden_nr in der Datenbank zu löschen.

Eine Implementierung einer solchen Klasse Kunde ist auf dem Verlagsserver enthalten und mit elementaren Mitteln möglich. So wäre z. B. die Update-Methode mit folgendem PreparedStatement möglich (wir beschränken uns hier auf zwei Attribute – in einer echten Implementierung müssen natürlich alle Attribute besetzt werden):

```
public class Kunde {
    ...
    PreparedStatement psUpd = null;
    final String stUpd =
      "UPDATE kunde SET " +
      "   name = ?," +
      "   strasse = ?," +
      ...
      "WHERE kunden_nr = ?";
    ...
  // Ändern eines Kunden
  // kunden_nr darf mit dieser Methode nicht geändert werden
  public int update(Connection con) throws SQLException {
```

```
if (psUpd == null) psUpd = con.prepareStatement(stUpd);
psUpd.setString(1,name);
psUpd.setString(2,strasse);
...
psUpd.setInt    (9,kunden_nr); // für WHERE-Klausel
int anz = psUpd.executeUpdate();
con.commit();
return anz;
} // update
```
...

Des Weiteren brauchen wir eine Umsetzung der Fremdschlüssel in die Java-Klassen über Referenzen. Hierbei würde man auf der einen Seite in der Klasse `Bestellung` eine Referenz auf `Kunde` setzen (`auftraggeber`). Andererseits ist es sinnvoll, den Fremdschlüssel von Bestellposition auf Bestellung durch ein Array von Bestellpositionen in der Klasse Bestellung abzubilden:

```
Class Bestellung {
    public int    bestell_nr;
    public Kunde  auftraggeber;
    public Date   bestelldatum;
    public Date   lieferdatum;
    public double rechnungsbetrag;
    public Bestellposition[] position;
    ...

}
```

Sinnvollerweise brauchen wir hierfür Werkzeuge. Es gibt eine Reihe solcher ORM-Systeme. Das wohl am weitesten verbreitete ist Hybernate. Es gibt aber auch im Spring-Framework mit Spring Data eine ähnliche Technik. Ein weiterer Ansatz ist EclipseLink.

Wir können in diesem Buch nicht auf diese verschiedenen Techniken eingehen, da sie inzwischen sehr umfangreich sind und man dafür eine eigene Einführung benötigt.

Die Einführung in JDBC ist dagegen etwas einfacher und mit diesem Kapitel abgeschlossen.

Der Systemkatalog

7

Eine Datenbank enthält nicht nur die Daten, sondern auch die Beschreibung der Daten. Diese Beschreibung wird auch als *Systemkatalog* bezeichnet. Der Systemkatalog besteht aus Tabellen und Datensichten, die Informationen über die diversen Datenbankobjekte wie Tabellen, Datensichten, Benutzer sowie Zugriffsrechte und Indexe enthalten.

So benutzt die Datenbankmaschine den Katalog, um zu registrieren, welche Tabellen es gibt und welche Spalten sie enthalten. Ändert sich die Struktur einer Tabelle, wird eine neue Tabelle erstellt oder eine alte gelöscht, so spiegelt sich dies im Datenkatalog wider. Die Datenbankmaschine prüft mittels des Katalogs, ob ein Benutzer Zugang zur Datenbank erhält und weiter dazu berechtigt ist, eine bestimmte Tabelle zu bearbeiten (siehe Kap. 3).

Der Abfrageoptimierer[1] ermittelt bei Abfragen u. a. die zu der betroffenen Tabelle gehörigen Indexe und die jeweiligen Indexspalten aus dem Katalog. Zur Unterstützung des Abfrageoptimierers können weitere Daten im Systemkatalog angegeben werden, z. B. die Anzahl der Zeilen einer Tabelle, die Anzahl der verschiedenen Werte für eine Spalte, Zeitpunkt der letzten Datenänderung in einer Tabelle.

Schreibender Zugriff auf den Systemkatalog darauf ist nur über spezielle Anweisungen möglich. In SQL sind dies die DDL-Anweisungen. Hierzu gehören auf der einen Seite die verschiedenen CREATE-Anweisungen wie CREATE TABLE, CREATE VIEW, CREATE PROCEDURE, CREATE USER, die entsprechenden ALTER- und DROP-Anweisungen. Des Weiteren gehören dazu die GRANT- und REVOKE-Anweisungen zur Zuweisung und Entzug von Benutzerrechten.

---

[1] Vgl. Abschn. 1.2.4.

M. Unterstein und G. Matthiessen, *Anwendungsentwicklung mit Datenbanken*, eXamen.press, 115
DOI: 10.1007/978-3-642-39003-6_7, © Springer-Verlag Berlin Heidelberg 2013

7.1   Der Systemkatalog in der SQL-Norm

In der SQL-Norm sind ein DEFINITION_SCHEMA und ein INFORMATION_SCHEMA beschrieben. Die Basistabellen in denen die Metadaten abgelegt sind, werden im DEFINITION_SCHEMA beschrieben.[2] Allerdings schreibt die Norm nicht vor, dass die Implementierung sich an diese Beschreibung hält. Die Beschreibung dient nur zur Festlegung, welche Daten vorhanden sein müssen, damit sie im INFORMATION_SCHEMA benutzt werden können.

Das INFORMATION_SCHEMA besteht aus einer Sammlung von Datensichten. Das INFORMATION_SCHEMA kann und darf durch Datenbankhersteller jederzeit erweitert werden, wenn dies für die Funktion des DBMS erforderlich ist. Es ist für jeden Benutzer ein lesender Zugriff vorgesehen. Dazu ist einheitlich für alle Datensichten der Benutzergruppe PUBLIC das SELECT-Privileg zugewiesen. Die unerlässliche Dokumentation jeder Datenbank wird damit automatisch geleistet, ist jederzeit abrufbar und stets auf dem neuesten Stand.

Die Datensichten des INFORMATION_SCHEMA stellen den Benutzern Informationen in unterschiedlicher Detaillierung zur Verfügung. Um benutzerspezifische Details wiederzugeben und nichtöffentliche Informationen zu verbergen, enthalten einige Datensichten eine dynamische Selektionsklausel, so dass jeder Benutzer nur Daten über seine eigenen und die ihm zugänglichen fremden Datenbankobjekte erhält. Das Selektionsattribut (z. B. OWNER), das den Eigentümer oder den berechtigten Benutzer (z. B. GRANTEE) eines Datenbankobjekts enthält, wird dazu mit der Pseudospalte CURRENT_USER verglichen, in der der Name des angemeldeten Benutzers zur Verfügung steht.

Einige der wichtigsten Datensichten des INFORMATION_SCHEMA stellen wir in Tab. 7.1 vor.[3] Nach dem oben Gesagten sieht der Benutzer nicht alle Daten des Systemkatalogs, sondern nur die, auf die er irgendeinen Zugriff hat.

7.2   Systemtabellen in SQL-Implementationen

Wir zeigen in diesem Abschnitt den Gebrauch einiger Datensichten des INFORMATION_SCHEMA.

Bei *SQL Anywhere* beginnen die Namen aller Katalogtabellen mit „SYS". *ORACLE* stellt sinnigerweise jeweils das Präfix „USER_", „DBA_" beziehungsweise „ALL_" voran (vgl. Tab. 7.2). Damit ist durchgängig eine Auswahl der aufzulistenden Objekte impliziert, und die im Standard anzutreffende Vermischung von eigenen und zugänglichen Objekten wird vermieden.

---

[2] Vgl. [MeSi02h, Kap. 22].

[3] Eine vollständige Übersicht findet man in [MeSi02h, Kap. 22].

Tab. 7.1 Einige Datensichten des INFORMATION_SCHEMA in SQL

Name der Datensicht	Erläuterung
SCHEMATA	Schemata der Datenbank
DOMAINS	Domänen
TABLES	Tabellen
VIEWS	Datensichten
COLUMNS	Spalten
TABLE_CONSTRAINTS	Konsistenzbedingungen für Tabellen.
REFERENTIAL_CONSTRAINTS	referenzielle Integritätsbedingungen
SEQUENCES	Sequenz-Generatoren
ROUTINES	Datenbank-Prozeduren
AUTHORIZATIONS	Zugriffsrechte von Benutzern auf Datenbankobjekte

Tab. 7.2 Namenskonventionen für Systemtabellen bei ORACLE

USER_objektkategorie	zeigt nur die eigenen Objekte des angemeldeten Benutzers.	z. B. USER_TABLES
ALL_objektkategorie	zeigt die dem Nutzer zugänglichen Objekte.	z. B. ALL_TABLES
DBA_objektkategorie	zeigt die einem Systemverwalter zugänglichen Objekte.	z. B. DBA_TABLES

Tab. 7.3 Einige Spalten von INFORMATION_SCHEMA.TABLES

Spalte der Datensicht	Erläuterung
TABLE_CATALOG	Katalog, in dem die Tabelle eingetragen ist
TABLE_SCHEMA	Schema, in dem die Tabelle enthalten ist
TABLE_NAME	Name der Tabelle
TABLE_TYPE	u. a. 'BASE TABLE', 'VIEW', 'GLOBAL TEMPORARY'
COMMIT_ACTION	Für temporäre Tabellen die Aktion beim COMMIT der Transaktion (sonst: NULL) 'DELETE' oder 'PRESERVE'

7.2.1   Informationen über Tabellen

Einige der Spalten der Datensicht TABLES sind in Tab. 7.3 angegeben.

Jede Zeile in der Tabelle TABLES beschreibt eine Basistabelle oder eine Datensicht. Für das folgende Beispiel haben wir eine Datensicht definiert mit folgender Anweisung:

```
CREATE VIEW kunden_aus_kayhude AS
SELECT * FROM kunde WHERE ort = 'Kayhude'
```

Falls man nur die eigenen Tabellen sehen möchte, ist es erforderlich, eine Selektionsbedingung einzugeben. Vergleichen Sie dazu folgendes Beispiel:

```
SELECT table_name, table_type
FROM information_schema.tables
WHERE table_schema = 'PUBLIC'

TABLE_NAME          TABLE_TYPE
------------------------------
KUNDE               BASE TABLE
MWSTSATZ            BASE TABLE
BESTELLUNG          BASE TABLE
ARTIKEL             BASE TABLE
BESTELLPOSITION     BASE TABLE
GIROKONTO           BASE TABLE
KUNDEN_AUS_KAYHUDE   VIEW
```

Es fällt auf, dass hier alle SQL-Bezeichner in Großbuchstaben erscheinen – obwohl in der CREATE-TABLE-Anweisung diese Namen in Kleinbuchstaben eingegeben wurden. Das folgt aus einer Eigenschaft des SQL-Interpreters: es wird nicht zwischen Groß- und Kleinbuchstaben unterschieden, außer wenn Worte in einfache Hochkommata (als Daten-Werte) oder in doppelte Hochkommata (als SQL-Bezeichner) eingeschlossen sind.[4]

Bei ORACLE erfolgt die Selektion auf die eigenen Tabellen implizit, wenn man die Systemtabellen mit dem Präfix USER aufruft. Der Benutzer chef erhält aus der Tabelle USER_TABLES folgende Antwort ohne eine WHERE-Klausel:

```
select table_name from user_tables

TABLE_NAME
------------------------------
ARTIKEL
BESTELLUNG
GIROKONTO
KUNDE
MWSTSATZ
BESTELLPOSITION

...
```

Informationen über die eigenen Datensichten, in der Norm TABLES enthalten, erhält man bei ORACLE über die Systemtabelle USER_VIEWS, die außer dem Namen der Datensicht auch den SQL-Text seiner Definition wiedergibt.[5]

In der SQL-Norm sind die Datensichten – mit ihrer Definition enthalten in INFORMATION_SCHEMA.VIEWS, vgl. hierzu folgendes Beispiel:

---

[4] Bei einigen Datenbanksystemen werden die Bezeichner dagegen in Kleinbuchstaben umgesetzt (z. B. in PostgreSQL).
[5] In vielen Datenbanksystemen sind die Benutzerdaten standardmäßig im Schema public oder PUBLIC enthalten. Bei SQL Anywhere wird standardmäßig ein Schema benutzt, dessen Name mit dem Namen des Erzeugers der Daten übereinstimmt, also z. B. Chef bei unserer Versand-Datenbank.

```
SELECT table_name, view_definition
FROM information_schema.views
WHERE table_schema = 'PUBLIC'


TABLE_NAME          VIEW_DEFINITION
-------------------------------------------------------------------
KUNDEN_AUS_KAYHUDE   SELECT PUBLIC.KUNDE.KUNDEN_NR, PUBL IC.KUNDE.STA↓
TUS,PUBLIC.KUNDE.NAME,PUBLIC.KUNDE.STRASSE,PUBL↓
IC.KUNDE.PLZ,PUBLIC.KUNDE.ORT,PUBLIC.KUNDE.LETZ↓
TE_BESTELLUNG,PUBLIC.KUNDE.LETZTE_WERBEAKTION,↓
PUBLIC.KUNDE.ZAHLUNGSART FROM PUBLIC.KUNDE WHER↓
E ORT='Kayhude'
```

In diesem Beispiel ist die VIEW_DEFINITION etwas länger, da für jede Spalte der Name voll qualifiziert mit dem Schema-Namen und dem Tabellen-Namen erscheint. Der senkrechte Pfeil am Ende einer Zeile zeigt hier an, dass der Befehl noch nicht zu Ende ist und auf der folgenden Zeile weiter geht.

7.2.2 Informationen über Spalten

Um sich über Namen, Datentypen und weitere Daten der Attribute kundig zu machen, gibt es die Datensicht COLUMNS. Da hierbei auch der Tabellenname angezeigt wird, ist die folgende Abfrage ein Weg, um die Struktur der eigenen Datenbank zu dokumentieren.

```
SELECT table_name, column_name, dtd_identifier AS datatype,
is_nullable
FROM information_schema.columns
WHERE table_schema = 'PUBLIC'
ORDER BY table_name, ordinal_position
```

```
TABLE_NAME      COLUMN_NAME       DATATYPE        IS_NULLABLE
----------      -----------       --------        -----------
ARTIKEL         ARTIKEL_NR        CHARACTER(4)    NO
ARTIKEL         MWST              SMALLINT        NO
ARTIKEL         BEZEICHNUNG       VARCHAR(20)     NO
ARTIKEL         LISTENPREIS       DECIMAL,(15,2)  NO
ARTIKEL         BESTAND           INTEGER         NO
ARTIKEL         MINDESTBESTAND    INTEGER         NO
ARTIKEL         VERPACKUNG        VARCHAR(10)     YES
ARTIKEL         LAGERPLATZ        SMALLINT        YES
ARTIKEL         KANN_WEGFALLEN    BOOLEAN         YES
ARTIKEL         BESTELLVORSCHLAG  TIMESTAMP       YES
ARTIKEL         NACHBESTELLUNG    TIMESTAMP       YES
ARTIKEL         NACHBESTELLMENGE  INTEGER         YES
BESTELLPOSITION BESTELL_NR        INTEGER         NO
BESTELLPOSITION ARTIKEL_NR        CHARACTER(4)    NO
BESTELLPOSITION MWST              DECIMAL(3,3)    YES...
```

Tab. 7.4 Einige Datensichten zur Darstellung der Constraints

Name der Datensicht	Erläuterung
CHECK_CONSTRAINTS	Liste der CHECK-Constraints inklusive der NOT NULL-Constraints
TABLE_CONSTRAINTS	Aufzählung aller Constraints mit Angabe der betroffenen Tabellen, Art der Constraints
REFERENTIAL_CONSTRAINTS	Alle referenziellen Integritätsbedingungen mit Angabe der UPDATE- und DELETE-Aktionen sowie einem Bezug auf die UNIQUE-Regel der Vater-Tabelle. Angaben über die entsprechenden Tabellen fehlen hier, die muss man sich aus TABLE_CONSTRAINTS holen.
KEY_COLUMN_USAGE	Angabe der jeweils betroffenen Spalten für PRIMARY KEY, UNIQUE und FOREIGN KEY (hier nur die Spalten der abhängigen Tabelle)
CONSTRAINT_ COLUMN_USAGE	Angabe der jeweils betroffenen Spalten für alle Constraints
CONSTRAINT_ TABLE_USAGE	Angabe der jeweils betroffenen Tabellen für alle Constraints

7.2.3   Informationen über Integritätsbedingungen

Neben den Datenbank-Objekten wie Tabelle, Spalte, Datensicht, Routine muss das Datenbanksystem auch Integritätsbedingungen (Constraints) verwalten. Sie beziehen sich jeweils auf eine Tabelle (bei Primärschlüssel, CHECK-Bedingungen, UNIQUE-Bedingungen) oder zwei Tabellen bei referenziellen Integritätsbedingungen.

Jede Integritätsbedingung hat einen im Schema eindeutigen Namen. Die bei einer Tabellendefinition mit CREATE TABLE formulierten Bedingungen können jeweils mit einem aussagefähigen Namen versehen werden. Ansonsten erhalten sie vom DBMS einen Namen zugewiesen. Dieser Name erscheint in allen im Folgenden betrachteten Datensichten. Er erscheint auch manchmal in Fehlermeldungen. Daher kann ein Blick auf die Liste der Constraints manchmal bei der Fehlersuche helfen. In der SQL-Norm sind die Tab. 7.4 beschriebenen Datensichten für die Darstellung der Integritätsbedingungen definiert.

Die folgende Anweisung zeigt uns alle CHECK-Bedingungen, außer denen, wo eine Spalte die Bedingung NOT NULL zu erfüllen hat:

```
SELECT constraint_name, check_clause
FROM information_schema.check_constraints
WHERE constraint_schema = 'PUBLIC'
  AND check_clause NOT LIKE '% IS NOT NULL'
```

```
CONSTRAINT_NAME   CHECK_CLAUSE
-----------------------------------------------------------------
SYS_CT_10073     "(PUBLIC.KUNDE.STATUS) IN (('W'),('G'),('S'))"
SYS_CT_10074     "(PUBLIC.KUNDE.ZAHLUNGSART) IN (('R'),('B'),('N'),↓
 ('V'),('K'))"
SYS_CT_10114      PUBLIC.ARTIKEL.NACHBESTELLMENGE>0
SYS_CT_10131      PUBLIC.BESTELLPOSITION.BESTELLMENGE>=1
SYS_CT_10132      (PUBLIC.BESTELLPOSITION.LIEFERMENGE>=0) AND (PUBLIC↓
.BESTELLPOSITION.LIEFERMENGE<=PUBLIC.BES TELLPOSITI↓
 ON.BESTELLMENGE)
...
```

Um die jeweiligen Angaben für die FOREIGN KEY-Klauseln zu bekommen, müssen wir die Datensicht REFERENTIAL_CONSTRAINTS zweimal mit CONSTRAINT_COLUMN_USAGE verknüpfen, um die Spalten für die abhängige Tabelle und die Mastertabelle zu bekommen, wie in folgendem Beispiel dargestellt wird:

```
SELECT fk.table_name, r.constraint_name, fk.column_name,
pk.table_name, pk.column_name,
r.update_rule, r.delete_rule
FROM information_schema.referential_constraints AS r
JOIN information_schema.key_column_usage       AS fk
    USING (constraint_name)
JOIN information_schema.key_column_usage       AS pk
    ON r.unique_constraint_name = pk.constraint_name
WHERE r.constraint_schema = 'PUBLIC'
```

Da das Ergebnis spaltenmäßig sich nicht nebeneinander darstellen lässt, stellen wir hier den ersten Satz des Ergebnisses spaltenmäßig untereinander dar:

```
FK.TABLE_NAME        BESTELLUNG
R.CONSTRAINT_NAME    BESTELLUNG_KUNDEN_NR_FKEY
FK.COLUMNS_NAME      KUNDEN_NR
PK.TABLE_NAME        KUNDE
PK.COLUMN_NAME       KUNDEN_NR
R.UPDATE_RULE        CASCADE
R.DELETE_RULE        RESTRICT
```

Daraus können wir ohne weitere Umstände die Anweisung zum Erzeugen der Fremd-schlüssel-Bedingung konstruieren:

```
ALTER TABLE BESTELLUNG
    ADD CONSTRAINT BESTELLUNG_KUNDEN_NR_FKEY
FOREIGN KEY(KUNDEN_NR)
        REFERENCES KUNDE(KUNDEN_NR)
        ON UPDATE CASCADE
        ON DELETE RESTRICT
```

Etwas komplizierter wird es, wenn der Fremdschlüssel aus mehreren Spalten besteht.
Wir entwickeln hier das etwas einfachere[6] Problem der Dokumentation der Primär-
schlüssel. Die notwendigen Daten bekommen wir durch eine einfache Verbindung der
Datensichten TABLE_CONSTRAINTS mit KEY_COLUMN_USAGE:

```
SELECT t.table_name, t.constraint_name,
c.column_name, ordinal_position
FROM information_schema.table_constraints AS t
JOIN information_schema.key_column_usage  AS c
    USING (constraint_name)
WHERE t.constraint_schema = 'PUBLIC'
  AND t.constraint_type = 'PRIMARY KEY'
```

TABLE_NAME	CONSTRAINT_NAME	COLUMN_NAME	ORDINAL_POSITION
KUNDE	KUNDE_PKEY	KUNDEN_NR	1
MWSTSATZ	MWSTSATZ_PKEY	MWST	1
BESTELLUNG	BESTELLUNG_PKEY	BESTELL_NR	1
ARTIKEL	ARTIKEL_PKEY	ARTIKEL_NR	1
BESTELLPOSITION	BESTELLPOSITION_PKEY	BESTELL_NR	1
BESTELLPOSITION	BESTELLPOSITION_PKEY	ARTIKEL_NR	2
GIROKONTO	GIROKONTO_PKEY	KUNDEN_NR	1

Es müssen nur noch die Attribute, die zum selben Schlüssel gehören, zusammengefasst
werden (hier BESTELL_NR und ARTIKEL_NR für BESTELLPOSITION_PKEY). Dieses
geht bei vielen SQL-Datenbanken mit der neuen Aggregatfunktion STRING_AGG, wie in
folgender Abfrage[7]

```
SELECT t.table_name, t.constraint_name,
string_agg(c.column_name, ',' ORDER BY ordinal_position) AS keys
FROM information_schema.table_constraints  AS t
JOIN information_schema.key_column_usage   AS c
    USING (constraint_name)
WHERE t.constraint_schema = 'public'
  AND t.constraint_type = 'PRIMARY KEY'
GROUP BY t.table_name, t.constraint_name
```

---

[6] Beim Fremdschlüssel tritt noch das Problem auf, dass die Reihenfolge der Spalten der
Fremdschlüsselattribute in Übereinstimmung mit der Reihenfolge der entsprechenden Spalten der
Master-Tabelle sein muss.

[7] Getestet unter PostgreSQL – daher die Bezeichner jeweils in Kleinbuchstaben.

```
TABLE_NAME          CONSTRAINT_NAME             COLUMN_NAME    ORDINAL_POSITION
----------          ------------                ------------   ----------------
KUNDE               KUNDE_PKEY                  KUNDEN_NR      1
MWSTSATZ            MWSTSATZ_PKEY              MWST           1
BESTELLUNG          BESTELLUNG_PKEY            BESTELL_NR     1
ARTIKEL             ARTIKEL_PKEY              ARTIKEL_NR     1
BESTELLPOSITION     BESTELLPOSITION_PKEY BESTELL_NR     1
BESTELLPOSITION     BESTELLPOSITION_PKEY ARTIKEL_NR     2
GIROKONTO           GIROKONTO_PKEY            KUNDEN_NR      1
```

7.2.4   Übungsaufgaben

Aufgabe 7.1 Ermitteln Sie die Systemtabellen des von Ihnen genutzten DBMS, die Informationen über

- Tabellen
- Spalten
- Benutzer
- Integritätsbedingungen

enthalten. Mit welchen Abfragen erhalten Sie die Daten

- Ihrer eigenen Datenobjekte?
- der Ihnen zugänglichen Datenobjekte?

Aufgabe 7.2 Welche Spalten kommen in mehreren Tabellen oder Datensichten vor?

Aufgabe 7.3 Welche Spalten kommen in mehreren Basistabellen (ohne Datensichten) vor?

Aufgabe 7.4 Ermitteln Sie alle zu Ihren Datenobjekten definierten Primär- und Fremdschlüssel.

Objektorientierung und SQL

8

Nach der breiten Durchsetzung von relationalen Datenbanksystemen zu Beginn der 80er-Jahre wurde bald klar, dass für eine Reihe von Anwendungsgebieten das relationale Datenmodell keine adäquate Grundlage darstellt. Zu diesen „Nicht-Standard"-Anwendungen gehören u. a.

- Kartographie und Katasterwesen
- Entwurf integrierter Schaltungen
- CAD-Datenbanken
- Datenbanken für Büro-Umgebungen, z. B. Dokumentenverwaltung
- Multimedia-Anwendungen

Ein Ansatz, das relationale Datenmodell zu erweitern, war das NF2 Modell („non first normal form"). Hierbei werden Relationen als Attributwerte zugelassen,[1] weshalb man auch von geschachtelten Relationen (englisch nested relation) spricht. Dies widerspricht der Ersten Normalform relationaler Datenbanken – daher der Name. In unserer Versand-Datenbank könnte man in der Weise Bestellpositionen als Bestandteil von Bestellungen verwalten. Wir sehen in Abschn. 8.3.7, wie dieses Konzept bei einer objektrelationalen Oracle Datenbank umgesetzt wird, also als Bestandteil eines teilweise objektorientierten Modells weiterlebt.

Ab etwa 1985 erschienen Arbeiten über objektorientierte Datenbanksysteme, die ein neues Datenbankmodell forderten als Ergänzung der bereits existierenden objektorientierten Programmiersprachen wie C++ und Smalltalk um die Möglichkeit, persistente Objekte zu schaffen und zu bearbeiten und in ihrer komplexen Objektstruktur in einer Datenbank zu speichern.

---

[1] Einige Ausführungen dazu finden sich in [SaSH10, S. 285].

M. Unterstein und G. Matthiessen, *Anwendungsentwicklung mit Datenbanken*, eXamen.press, 125
DOI: 10.1007/978-3-642-39003-6_8, © Springer-Verlag Berlin Heidelberg 2013

Ein wichtiger Hinweis: Eine Datenbank ist nicht objektorientiert, wenn das Entwicklungssystem, mit dem die Anwendungen erstellt werden, objektorientiert ist (wie zum Beispiel über JDBC mit Java), sondern die Eigenschaften der Objektorientierung beziehen sich auf das Datenmodell und die Datenspeicherung.

Bei der Entwicklung objektorientierter Datenbanksysteme waren von Anfang an zwei Linien erkennbar. Die Vertreter der einen Linie waren der Ansicht, dass man objektorientierte Datenbanken völlig neu entwickeln müsse, um eine adäquate Technik zu schaffen, die das objektorientierte Paradigma möglichst effektiv realisiert. Die bisherige Datenbanktechnologie hielten sie für unbrauchbar, weil auf einer völlig anderen theoretischen Grundlage entstanden. Die andere Linie propagierte den Ansatz, auf der bewährten relationalen Technologie aufbauend, objektorientierte Konzepte auf Basis der relationalen Datenbanktechnologie zu verwirklichen. Dieser Ansatz wird als „objektrelational" bezeichnet.

In diesem Kapitel beschäftigen wir uns ausschließlich mit dem Konzept „objektrelationaler" Datenbanken. Dabei wird das relationale Datenmodell beibehalten, aber um zusätzliche Elemente erweitert, zu denen benutzerdefinierte Datentypen beliebiger Komplexität, Methoden und Typhierarchien gehören. Das objektrelationale Datenmodell hat in die SQL-Norm Einzug gehalten, wird aber von keinem DBMS Hersteller der Norm entsprechend umgesetzt.

Wir stellen in Abschn. 8.1 zunächst in Kurzform das objektorientierte Datenbankmodell vor.[2] In Abschn. 8.2 behandeln wir die objektorientierten Konzepte, die in den SQL-Standard aufgenommen wurden. Abschnitt 8.3 stellt eine objektrelationale Fassung unserer Versand-Datenbank vor, wie man sie mit Oracle realisieren kann. In Abschn. 8.4 führen wir eine Notation für ein logisches objektrelationales Datenmodell ein. In Abschn. 8.5 zeigen wir, wie mithilfe der Systemtabellen die Typhierarchien einer objektrelationalen Oracle-Datenbank sichtbar gemacht werden können. Wir kommen nicht umhin, auch auf die eine oder andere theoretische Ungereimtheit hinzuweisen. Der Begriff „Objektorientierung" existiert zwar schon seit einer gehörigen Anzahl von Jahren, enthält aber durchaus widersprüchliche Momente, die immer wieder Anlass für allerlei Diskussionen unter den Experten und Stoff für diverse Publikationen liefern.[3]

8.1 Das objektorientierte Datenbankmodell

Wir beschreiben nun einige wichtige Eigenschaften des objektorientierten Datenmodells. Die zunächst recht abstrakten Begriffe, die wir gleich vorstellen, werden in den folgenden Abschnitten an Beispielen erläutert. In den dann folgenden

---

[2] Einige Bemerkungen zum objektorientierten Datenmodell finden sich auch in Kap. 5, in dem wir die objektorientierte „Entwurfssprache" UML behandeln.
[3] Beispiele dafür: [DaDa00], [Fran03], [JäHe02].

Konkretisierungen – objektrelationale Erweiterungen ab SQL: 1999 – sind jeweils nur einige der hier angesprochenen Möglichkeiten konkret ausgebildet und dann in einer jeweils unterschiedlichen Syntax. Wir benutzen zur Beschreibung die Begriffe des ODMG 2.0 Modells, das in [Catt97] beschrieben worden ist.

8.1.1   Objekte und Literale

Basiselemente des objektorientierten Datenbankmodells sind *Objekte* und *Literale*. Jedes Objekt hat eine eindeutige *Identität*. Ein Objekt kann grundsätzlich im Laufe seiner Existenz seinen Zustand ändern. Ein Literal hat keine Identität; es hat auch keinen änderbaren Zustand, sondern beschreibt einen Wert. So ist ein Mitarbeiter oder ein Artikel ein Objekt – eine Zahl, eine Zeichenkette oder eine feste Uhrzeit ist ein Literal.

Objekte und Literale werden durch *Typen* kategorisiert. Alle Elemente eines gegebenen Typs haben dieselbe Menge an abstrakten *Eigenschaften* (Attribute) und dasselbe *Verhalten*. Ein Objekt wird als *Instanz* seines Typs bezeichnet.

Der *Zustand* eines Objekts wird durch die Werte beschrieben, die seine Eigenschaften aufweisen und durch die *Beziehungen*, die es zu anderen Objekten hat.

Das Verhalten eines Objekts wird durch die Menge an *Operationen* (*Methoden*) beschrieben, die das Objekt ausführen kann. Operationen können eine Liste von Ein- und Ausgabeparametern haben, die einem bestimmten Typ angehören. Eine Operation kann ein typisiertes Ergebnis zurückgeben.

Eine *objektorientierte Datenbank* speichert Objekte. Sie basiert auf einem *Schema* und enthält Instanzen, die auf den im Schema definierten Typen basieren.

8.1.2   Typen

Typen dienen der abstrakten Beschreibung von Objekten und Literalen hinsichtlich ihrer Zustände und ihres Verhaltens. Sie werden durch eine externe Spezifikation und eine oder mehrere Implementierungen beschrieben. Die externe Spezifikation beschreibt die Eigenschaften und Operationen, die für Benutzer sichtbar sind. Eine Implementierung besteht aus Datenstrukturen und Methoden, die die Attribute und Operationen realisieren und die in einer konkreten Programmiersprache erstellt worden sind.

Beispielsweise kann die externe Spezifikation eines Typs Person durch seine Attribute Name, Adresse, Familienstand und durch eine Operation heiraten beschrieben werden. Diese sind für den Nutzer sichtbar. Verborgen hingegen sind die interne Repräsentation der Attribute (so könnte z. B. das Attribut Familienstand = verheiratet durch die Zahl 3 dargestellt werden) und der Algorithmus, mit dem der Familienstand beim Aufruf der Operation heiraten geändert wird.

Typen können von Benutzern definiert werden. Ausgehend von primitiven Datentypen (wie numerische Datentypen, Zeichenketten, logische Werte, Datum, Uhrzeit, Aufzählungstypen) können durch Konstruktoren[4] orthogonal[5] neue Datentypen zusammengesetzt werden.

8.1.3 Tupel

Einen Datentyp, der aus mehreren Komponenten (unterschiedlicher) Datentypen zusammengesetzt ist, erhalten wir durch den Tupel-Konstruktor. In C, und C++ entspricht das dem `struct`, in C++ und Java einer Klasse, die nur `public` Attribute, aber keine Operationen besitzt. Ein Beispiel dafür ist die Zusammensetzung einer Adresse aus den Attributen Straße, Hausnummer, PLZ und Ort. Es kann ein Typ `typ_adresse` definiert werden, der intern die genannten Attribute hat und bei der Definition einer Klasse als Ganzes für den Wertebereich eines strukturierten Attributs verwendet wird. Dieses sieht in SQL etwa wie folgt aus:

```
CREATE TYPE typ_adresse
AS ROW (
    strasse     VARCHAR(35);
    hausnummer  VARCHAR(5);
    plz         CHAR(5);
    ort         VARCHAR(35);
    );
```

8.1.4 Kollektionstypen

Daneben gibt es die so genannten Kollektionstypen (auch „Sammlungen" genannt), die wir im Folgenden erläutern. Diese Konstruktoren sollen auf beliebige – auch strukturierte – Typen angewandt werden können. ODMG beschreibt folgende Kollektionstypen: SET, LIST, ARRAY, DICTONARY. Wir beschränken uns auf die Typen, die im Zusammenhang mit SQL eine Rolle spielen.

---

[4] Der Begriff *Konstruktor* wird in unterschiedlichen Zusammenhängen mit unterschiedlicher Bedeutung verwendet: Wir meinen hier ein (sprachliches) Mittel, um komplexe (= zusammengesetzte) Datentypen zu konstruieren. Wenn wir dann auf diese Weise zu einer Klasse gekommen sind, gibt es in der Klasse jeweils mindestens einen Konstruktor (jetzt andere Bedeutung!); damit wird beschrieben, was beim Anlegen eines neuen Objektes in der Klasse durchzuführen ist.

[5] Der Begriff „orthogonal" wird auf der nächsten Seite eingeführt.

Bag Ein *Bag* (auch als *Multiset* oder *Multimenge* bezeichnet) enthält Elemente desselben Datentyps; im Gegensatz zu Mengen sind hier Dubletten erlaubt. Eine Multimenge ist ungeordnet und hat beliebig viele Elemente.

Array Ein *Array* ist eine Kollektion, die eine nicht vorher festgelegte Anzahl von Elementen enthält. Die Elemente eines Arrays sind indiziert (nummeriert), der Zugriff auf ein einzelnes Element erfolgt über seinen Index. Elemente können an den festgelegten Positionen eingefügt, abgefragt oder geändert werden. Array-Elemente können auch Nullmarken enthalten. Ein Array kann am Ende um jeweils ein Element verlängert werden und es kann an einer bestimmten Stelle abgeschnitten werden.

In einem objektorientierten System können diese Konstruktoren *orthogonal* angewandt werden, was bedeutet, dass es für diese Konstruktionen keine spezifischen Einschränkungen gibt, so dass beispielsweise Kollektionen aus beliebigen Datentypen erzeugt werden können. Insbesondere können Datentypen auch durch mehrfache Anwendung der Konstruktoren erzeugt werden, also z. B.

```
ARRAY OF ROW
```

und dergleichen.

8.1.5 Vererbung

Die Bildung von Hierarchien ist ein genuiner Bestandteil des objektorientierten Modells. Hier können Strukturen wie die Spezialisierung und Generalisierung unmittelbar umgesetzt werden, die in einem relationalen Datenmodell nicht ohne semantische Verluste abgebildet werden können. Zum Beispiel sind für einen Typ `Person` verschiedene Spezialisierungen in Hochschulangehörige und freie Dozenten denkbar, die ihrerseits weiter differenziert sein können, siehe Abb. 8.1. Dabei gilt für Studierende wie für Professoren bei allen spezifischen Unterschieden allgemein, dass sie Personen sind und damit alle Merkmale von Personen aufweisen.

Im Bereich der Geografie – speziell der Kartografie – haben wir es mit Linienzügen zu tun, die Verschiedenes darstellen können, etwa Küstenlinien, Wasserwege, darunter Kanäle etc., siehe Abb. 8.2. Abgesehen von speziellen Eigenschaften wie Farben haben sie viele gemeinsame Eigenschaften, wie z. B. das Verhalten bei Veränderungen des Abbildungsmaßstabes.

Die Hierarchiebildung wird dabei durch das Vererbungskonzept unterstützt, welches zwei Ausprägungen hat: Strukturvererbung und Verhaltensvererbung.

Die *Strukturvererbung* bedeutet, dass jeder Untertyp alle Attribute des Obertyps enthält. Er kann aber weitere Attribute enthalten oder auch Attribute des Obertyps in modifizierter Form übernehmen.[6] Beispielsweise hat jede Person eine Adresse, bestehend aus Straße, Hausnummer, Name, PLZ und Ort. Bei Hochschulangehörigen könnte zusätzlich

---

[6] Dabei muss der Typ des modifizierten Attributs eine Spezialisierung des geerbten Attributs sein.

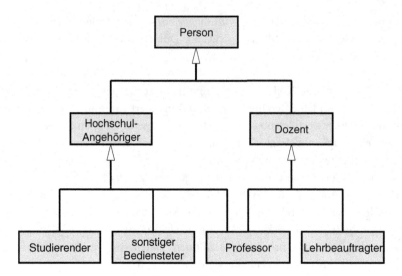

Abb. 8.1 Typenhierarchie von Personen im Bereich Hochschule

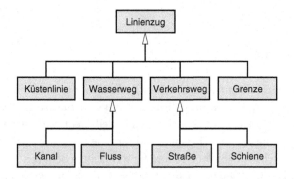

Abb. 8.2 Typenhierarchie von Linienzügen im Bereich Geografie

ein Datum des Ersteintritts verwaltet werden. Professoren und sonstige Bedienstete haben eine Gehaltsstufe, Studenten aber nicht; bei Studenten wird wegen häufigen Umzugs eine zusätzliche Heimatadresse verwaltet.

Die *Verhaltensvererbung* betrifft die Methoden   Das ODMB Objekt Modell unterstützt die *Mehrfachvererbung*. In dem Beispiel aus Abb. 8.1 ist der Subtyp `Professor` zugleich eine Spezialisierung von `Dozent` und von `HS-Angehöriger` und erbt daher von beiden die Attribute und Methoden.

Verhaltensvererbung und Polymorphismus   Die Verhaltensvererbung bedeutet, dass jeder Subtyp automatisch die Methoden des Obertyps übernimmt. Er kann jedoch zusätzliche

Methoden anbieten oder ererbte Methoden redefinieren.[7] Dies wird mit dem Begriff Polymorphismus gekennzeichnet. Beispielsweise können alle Hochschulangehörigen heiraten, aber nur bei Professoren und Bediensteten ändert sich dann automatisch die Gehaltshöhe.

Welche spezielle Ausprägung einer Methode für ein konkretes Objekt anzuwenden ist, muss das System anhand der Zuordnung zu einer Subklasse entscheiden.

Beispiel

Für geometrische Figuren sei grundsätzlich die Methode `Fläche` definiert. Eine Figur ist ein Ellipsenelement, Kreissegment, Kreis, Polygonzug, Viereck, Dreieck oder achsenparalleles Rechteck. Für jede dieser Figuren ist eine Formel für `Fläche` definiert. Für eine beliebige Figur `f` kann erst zur Laufzeit bestimmt werden, welche Formel zu wählen ist. Die Benutzung des einheitlichen Operators Fläche, der für die verschiedenen Unterklassen abweichend von der Oberklasse implementiert ist, wird als *Überschreiben* bezeichnet, das Laden des entsprechenden Programmcodes *Überladung*. Den Vorgang, dass ein Programm zur Laufzeit aufgrund der Subklassenzugehörigkeit eines Objekts den passenden Algorithmus für für `Fläche(f)` auswählt, nennen wir *spätes Binden*.

8.1.6   Klassen und Extents

Eine *Klasse* kann unmittelbar Objekte aufnehmen. Objekte einer Klasse werden (in Übersetzung des englischen Begriffs *instance*) auch als *Instanzen* bezeichnet. Eine Klasse beschreibt durch ihre öffentlichen Operationen auch eine *Schnittstelle*, über die mit den Objekten der Klasse kommuniziert werden kann.

Zum andern kann einer Klasse ein Behälter zugeordnet sein. Dieser für die Sammlung der Objekte zuständige Behälter wird als *Extent* bezeichnet. Ein Extent bezeichnet also die Menge (oder Multimenge) aller Instanzen eines Typs, die zu einem Zeitpunkt in der Datenbank enthalten sind und auf die man zugreifen kann. Des weiteren können Elemente in einen Extent eingefügt, in einem Extent geändert oder aus einem Extent gelöscht werden Im Zusammenhang mit der Typen- und Klassenhierarchie gilt dabei:

> wenn A der Extent des Typs `a_typ` ist,
> und `b_typ` ein Subtyp von `a_typ`,
> dann ist der Extent B von `b_typ` eine Teilmenge von A.

Ein Objekt, das einer Unterklasse angehört, kann auch als Argument einer Operation der Oberklasse zugewiesen werden. Das Umgekehrte gilt nicht.

Damit scheint das Vererbungskonzept in sich stimmig zu sein. Jedoch gibt es zwischen den Betrachtungsweisen auf Klassen als Typ mit Attributen und Operationen (intensionaler Klassenbegriff) einerseits und Klassen als Sammlung von Objekten

---

[7] Dabei muss die modifizierte Methode „aufrufkompatibel" zur ererbten sein. Das betrifft im Wesentlichen die Anzahl und die Typen der Ein- und Ausgabeparameter.

(Extent, extensionaler Klassenbegriff) Widersprüche.[8] So ist das Konzept der Mehrfachvererbung beim intensionalen Klassenbegriff kritisch und kann zu Widersprüchen führen, wenn die mehreren Oberklassen, von denen eine Unterklasse erbt, gleichnamige Attribute oder Operationen aufweisen. Welche Variante soll dann übernommen werden? Beim extensionalen Klassenbegriff erscheint es hingegen ganz natürlich, dass eine Teilmenge von Objekten in mehreren überschneidenden Obermengen enthalten sein kann. Aber auch bei einfachen Vererbungsbeziehungen gibt es Phänomene, die mit dem außerinformatischen Begriff von Spezialisierung nicht übereinstimmen. So ist, mathematisch betrachtet, ein Quadrat ein Rechteck mit der Spezialität, dass alle Seiten gleich lang sind. Ein Quadrat hat alle Eigenschaften eines Rechtecks: alle Winkel sind rechte, gegenüberliegende Seiten sind gleich lang. In der Welt der objektorientierten Programmierung sind aber Rechtecke Quadrate, da sie alle Attribute von Quadraten (Seitenlänge a) enthalten, sich darüberhinaus aber durch weitere Attribute (Seitenlänge b) unterscheiden.

In der objektorientierten Programmierung (im Gegensatz zu objektorientierten Datenbanken) gibt es in der Regel kein einer Klasse zugeordneten Extent. Objekte werden in Programmen erzeugt und man kann nur über einen Bezeichner oder eine Referenz auf sie zugreifen.[9] Man kann allerdings für eine Klasse einen Extent implementieren.[10] In Datenbanken wollen wir dagegen auch in Programmläufen auf Objekte zugreifen, die in anderen Programmläufen erzeugt wurden. Daher benötigen wir hier für viele Anwendungen Extents von Klassen, um alle Objekte einer Klasse verarbeiten können (Abb. 8.3).

8.1.7   Objektidentität und Gleichheit

Ein Objekt muss *systemweit* identifizierbar sein. Die Identität (OID) wird vom System selbst gepflegt. Sie ist nicht von der Schemadefinition abhängig – es muss kein Attribut dafür definiert werden. Somit gibt es keine Wertzuweisungen, wie das bei

---

[8] Eine Darstellung der Problematik findet sich in [Fran03]. Auch Date und Darwen nehmen zu dem Problem ausführlich Stellung in [DaDa00].

[9] Auch in UML-Klassendiagrammen wird nicht zwischen Klassen als Typ und Extent unterschieden. Das führt zu dem Problem, dass man Typen, die „nur" dazu dienen, als Domäne eines Attributs verwendet zu werden (vgl. Adresse in Abschn. 9.3) mit demselben Symbol darstellt wie Typen, deren Instanzen persistent gespeichert werden sollen, die also über einen Extent verfügen müssen. Mehr schlecht als recht behilft man sich mit Stereotypen, die lediglich als Texthinweis, beispielsweise «persistent», auf die weitere Bedeutung der Klasse hinweisen. In Kap. 4 dieses Kapitels stellen wir unseren Ansatz vor, dieses Problem durch ein eigenes Typenmodell zu lösen.

[10] In Java muss man dazu in der Klasse `cl` ein statisches Attribut anlegen, z. B.: `static TreeSet<cl> extent = TreeSet();` Des weiteren müssen alle Konstruktoren für `cl` den Aufruf `extent.add(this);` enthalten. Es kann dann an jeder Stelle im Programm der Extent durch `cl.extent` angesprochen werden.

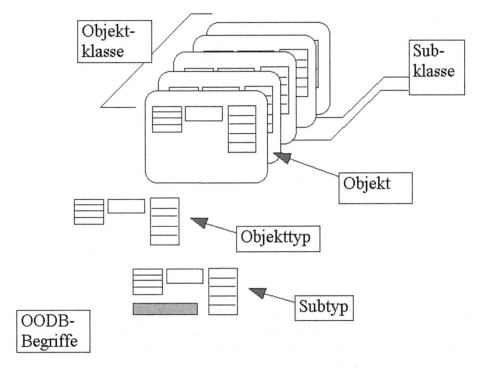

Abb. 8.3 Begriffe im Zusammenhang mit objektorientierten Datenbanken

Schlüsselwerten im relationalen Datenmodell der Fall ist. Die Objektidentität ist von allen Attributwerten unabhängig und kann durch keine Operation geändert werden. Nach Löschen eines Objektes darf seine OID auch nicht an ein anderes Objekt übergehen. Die Objektidentität ist nicht für Benutzer als Wert erkennbar, sie ist ein rein systeminternes Merkmal.

Hier ist ein gravierender Unterschied zum relationalen Modell vorhanden, welches Bezüge auf der Basis von *Werte-Gleichheit* herstellt und nicht auf der Basis von Objekt-Identität. Daher muss für Objekte der Begriff der *Gleichheit* von dem Begriff der *Identität* unterschieden werden. Gleichheit beruht auf dem Vergleich der Attributwerte von zwei Objekten, so dass zwei nicht identische Objekte in diesem Sinne „gleich" sein können.[11] Die Rolle des Primärschlüssels, der bei relationalen Systemen Tupel identifiziert und die Verschiedenheit aller Tupel gewährleistet, wird damit entwertet. Gleichwohl kann es ein-eindeutige Attribute wie Kundennummern etc. geben, mit denen der *Benutzer* ein Objekt identifiziert.

---

[11] Die Alltagssprache unterscheidet auch zwischen „dasselbe" (Identität) und „das Gleiche" (Gleichheit).

Abb. 8.4 Kapselung

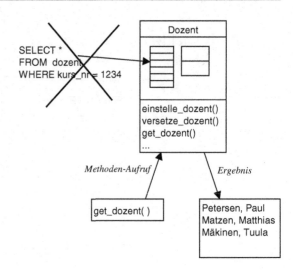

8.1.8 Kapselung

Objekte können nach außen hin „gekapselt" werden. Das bedeutet, dass ein direkter Zugriff von Benutzern respektive Anwendungsprogrammen auf die Attributwerte eines Objekts verwehrt ist. Kommuniziert wird mit Objekten ausschließlich über ihre Operationen (Methoden). Um den Namen der Dozenten von Seminaren zu erfahren, muss das Objekt Dozent eine Methode anbieten, die beispielsweise unter der Bezeichnung get_dozent aufgerufen werden kann und den geforderten Attributwert zurückliefert (Abb. 8.4). Somit können Objekte zur Implementierung von abstrakten Datentypen verwendet werden.

Es ist aber möglich, spezielle Komponenten bei der Deklaration der Objektklasse als PUBLIC festzulegen. Der Zugriff auf solche Attribute kann dann in einer SQL-ähnlichen Sprache formuliert werden, so dass die Kapselung vom Benutzer gar nicht bemerkt wird.

8.1.9 Lebenszeit von Objekten

Zwei Lebenszeiten sind im Objektmodell vorgesehen, die bei der Anlage von Objekten angegeben werden müssen. *Transiente* Objekte sind an die Laufzeit des Programms gebunden, in dem sie erstellt werden. Sie verschwinden mit der Beendigung des Programms. *Persistente* Objekte werden durch das Objektdatenbank-Managementsystem verwaltet und existieren unabhängig von dem Programm, das sie ins Leben gerufen hat. Dieses sind die eigentlichen Datenbankobjekte.

8.1.10 Beziehungen

Beziehungstypen[12] werden zwischen Klassen definiert. Kardinalitäten[13] werden ebenso festgehalten wie im Entity Relationship Modell oder in UML (vgl. Kap. 5). Eine Beziehung ist selbst kein Objekt und hat keine Identität, sie dient lediglich dazu, einen Navigationspfad zwischen Objekten herzustellen und ermöglicht es Anwendungsprogrammen, die logischen Verbindungen zwischen Objekten verschiedener Klassen zu verfolgen. Die Definition von Beziehungen in Objektdatenbanken ist auf verschiedene Weise möglich. Während im relationalen Datenmodell Beziehungen nur über Fremdschlüssel realisiert werden, können wir im objektorientierten Umfeld beispielsweise Arrays von Referenzen als Datentyp für Attribute verwenden, und so eine x:M-Beziehung direkt darstellen. Wir zeigen in den Abschn. 8.3 und 8.4 Beispiele dafür.

8.2   Objektorientierung im SQL-Standard

In der SQL-Norm wird Objektorientierung nicht verstanden als ein neues Paradigma, das den alten, relationalen Ansatz ablöst, sondern als eine Erweiterung des Konzepts, das damit sozusagen „aufwärtskompatibel" zum relationalen Modell herkömmlicher Prägung ist. Dieser Ansatz wird als „objektrelational" bezeichnet. So erlaubt SQL die Konstruktion von Datentypen beliebig komplexer Struktur einschließlich der Definition von Methoden, also „abstrakte Datentypen". Diese Datentypen können Attributen zugewiesen werden oder es können Objekttypen mit einer modifizierten Form der CREATE TABLE-Anweisung auf Basis eines Datentyps definiert werden. Die Implementierung eines Objekttyps ist immer eine Tabelle, wenngleich diese sich durch Attribute mit komplexer Struktur erheblich von einer „flachen" Tabelle, die die erste Normalform erfüllt, unterscheiden kann. Die „klassischen Tabellen", wie wir sie in den übrigen Kapiteln des Buchs behandelt haben, sind nunmehr ein Spezialfall des erweiterten Konzepts.

Wir gehen nicht im Detail auf die Vorschläge der Norm ein, da es nur wenige Implementierungen objektrelationaler Datenbanken gibt, von denen wir im Rest des Kapitels Oracle aufgreifen. Tabelle 8.1 zeigt, welche Konzepte der Norm von Oracle und PostgreSQL aufgegriffen und ggf. in modifizierter Form umgesetzt werden.

---

[12] Wir unterscheiden Beziehungen, die sich jeweils auf konkrete Objekte (Kunde Peter Stein und Bestellung Nr. 151) beziehen und Beziehungstypen, die auf einer höheren Abstraktionsebene Aussagen darüber treffen, ob und wieviele Objekte einer Klasse prinzipiell eine Beziehung zu Objekten einer anderen Klasse haben können. Wenn klar ist, was gemeint ist, kann man den Begriff „Beziehung" auch verwenden, wenn eigentlich von einem Beziehungstyp die Rede ist.

[13] Kardinalitäten sind quantitative Aussagen über Beziehungen zwischen Objekten (Instanzen) der beteiligten Klassen. Hier werden die Klassen als Extent, Behälter für Objekte, angesehen.

Tab. 8.1 OO-Konzepte im Vergleich

Eigenschaft	SQL-Norm	Oracle	PostgreSQL
neue Typen	√	√	√
Vererbung	√	√	√
Array	√	Varray	√
Tupel	ROW	ROW	ROW
Reference	√	√	–
Multiset	√	nested Table	–
Methoden	√	√	–

8.3   Objektrelationales Modell der Versanddatenbank in Oracle

Es folgen nun Beispiele für die im vorigen Abschnitt vorgestellten Modellelemente. Wir realisieren das im UML-Diagramm Abb. 8.5 wiedergegebene objektorientierte Modell der Versand-Datenbank.[14] Die Umsetzung der Beispiele haben wir mit einem Oracle-DBMS erstellt und getestet.

Zur Erläuterung: Die Pfeile an den Beziehungslinien geben an, das man von einem Objekt zum anderen navigieren kann. Beispielsweise können wir von Artikel zu mwst navigierend zugreifen, und zwar mit der „Punktnotation", etwa in der Art: `artikel.mwst.prozent`. Beispiele dafür folgen in Abschn. 8.3.5. Den `Adresse` benutzen wir lediglich als benutzerdefinierten Datentyp für das Attribut Adresse unserer Klasse Kunde. Adressen werden selbst nicht gespeichert. Wir haben dies durch den Stereotyp «type» kenntlich gemacht, die einzige Art, die UML zur Verfügung stellt, um solche Unterschiede deutlich zu machen. Sehr erhellend ist das aber nicht, da alle anderen Klassen natürlich auch Typen darstellen.[15] Außerdem haben wir die Beziehung zwischen Bestellung und Position als Komposition dargestellt: Position ist ein Teil von Bestellung und eine Position kann ohne Bestellung nicht existieren. Auch die Beziehung zwischen Kunde und Adresse kann als Komposition aufgefasst werden, da eine Adresse Teil eines Kunden ist und nicht ohne diesen existieren kann.[16] Das Attribut `telefonliste` der Klasse `Kunde` ist für die Aufnahme mehrerer Werte

---

[14] UML wird in Kap. 5 beschrieben.

[15] Wir stellen in Abschn. 8.4 eine Notation für ein eigenes Datentypendiagramm vor.

[16] Aber wehe, es gäbe noch eine weitere Klasse, die auch ein Attribut vom Typ Adresse enthält. Dann wäre die Adresse Teil von zwei Ganzen, ohne die sie nicht existieren könnte. Damit hätte die Komposition als Beziehungstyp keine Berechtigung mehr. Hinsichtlich des Gebrauchs von Kompositionen sieht man vielerlei unterschiedliche und durchaus gegensätzliche Varianten in Klassendiagrammen. Es gibt keine vereinheitlichte, verbindliche und vor allem exakte Definition, an der eindeutig zu entscheiden wäre, wo diese Art von Beziehung hin gehört und wo nicht, da der Begriff „Teil-Ganzes" ja auch unscharf ist. Wir raten dazu, Aggregationen und Kompositionen eher sparsam einzusetzen und in jedem Einzelfall zu prüfen, ob eine Teil-Ganzes-Beziehung vorliegt, die als solche kenntlich gemacht werden soll.

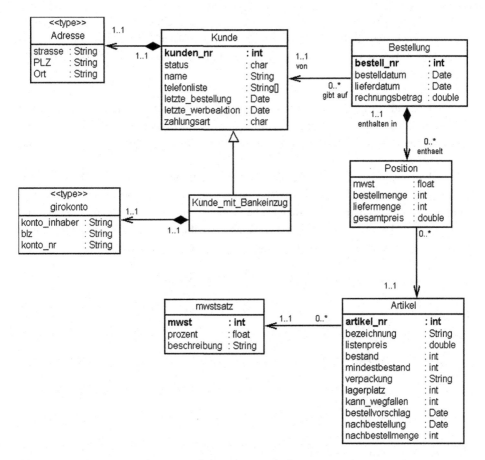

Abb. 8.5 UML-Diagramm der Versand-Datenbank – objektorientiert

vorgesehen. Kenntlich ist dies an den eckigen Klammern, die implementierungstechnisch für ein ARRAY stehen. Dazu gleich mehr. Kunde wird spezialisiert zu Kunde_mit_Bankeinzug. Nur Objekte der Unterklasse haben eine Bankverbindung. Es handelt sich um eine Teil-Ganzes-Beziehung mit Existenzabhängigkeit, also eine Komposition. Bankverbindungen werden hier als Teil der Kunden verwaltet, da der Versandhandel keinen Wert darauf legt, einfach irgendwelche Daten über Konten zu sammeln.

Es gibt eine Reihe von Abweichungen zwischen Oracle und der SQL Norm[17]; die wir in Tab. 8.1 zusammengefasst haben:

• Die Kollektionstypen, die zur Zeit unterstützt werden, sind TABLE (entspricht MULTISET(ROW)) und VARRAY. Ein VARRAY ist im wesentlichen ein Array mit einer jeweils vorgegebenen Maximalzahl von Komponenten; es kann aber auch weniger Komponenten enthalten.

---

[17] Siehe auch [CHRS98, S. 420ff.].

- Oracle bietet zur Formulierung von Methoden eine eigene Programmiersprache an, deren Syntax von SQL/PSM-Sprache abweicht. Sie ist als prozedurale Erweiterung von SQL entwickelt worden und heißt PL/SQL. Daneben können Methoden auch mit Java entwickelt werden.

Daneben fällt auf, dass die unterstützten Möglichkeiten objektorientierter Datenmanipulation mittels SQL nicht orthogonal realisiert sind. Das bedeutet: nicht überall, wo es theoretisch sinnvoll ist, auf einen Typ und seine Methoden zuzugreifen, ist es auch möglich.

Namenskonventionen Die erweiterten Möglichkeiten, die wir durch die Definition von Datentypen erhalten, bedingen gleichzeitig eine gesteigerte Vielfalt an Namen. Und weil es häufig notwendig ist, den Typkonstruktor beim Zugriff auf Attribute anzuwenden, kommt einer sauberen Unterscheidung von Typnamen, Attributbezeichnern und Objektnamen Bedeutung zu. Wir wenden in diesem Kapitel folgende Notationsrichtlinien an:

```
Datenstruktur Name              vorangestellt
---------------------------------------------
Object Type Names               otyp_
Varray Names                    varr_
Nested Table Types              ntyp_
Object Tables                   otab_
Relational Tables               rtab_
Nested Table                    ntab_
Object View                     ov_
Local Variables                 lvar_
Input Parameters                ip_
Output Parameters               op_
Input-Output Parameters         iop_
```

8.3.1 Abstrakte Datentypen als Wertebereich für Attribute

In diesem Abschnitt geht es zunächst um Datentypen, die als Basis bei der Deklaration von Attributen und Variablen verwandt werden. Die SQL-Norm stellt dafür beispielsweise INTEGER, REAL und VARCHAR zur Verfügung. In Kap. 4 des ersten Bandes[18] haben wir behandelt, wie man mit dem Befehl CREATE DOMAIN eigene Datentypen als Domänen definieren kann. Die so erzeugten Domänen stellen aber im Grunde nichts anderes als einen Standard-Datentyp mit einer zusätzlichen Einschränkung des Wertebereichs dar. Dabei fehlt bisher eine Möglichkeit, die Funktionalität eines solchen Typs zu definieren. Zu einem abstrakten Datentyp gehört aber auch die Festlegung seines Verhaltens, seiner Vergleichbarkeit und der sonstigen Operationen, die mit ihm ausgeführt werden können.[19]

---

[18] [UnMa12].

[19] Die hier vorgestellten Befehle sind als SQL-Skripte auf der CD im Verzeichnis \...\OracleOO zu finden. Hier geht es gerade um das Skript crykunde08.

Wir erzeugen zunächst einen Basistyp mit Struktur. In jeder Adresse kommen immer wieder die Angaben `strasse, plz, ort` vor. Warum nicht einfach einen Typ Adresse definieren, der diese Attribute als Komponenten enthält? Im vorigen Unterkapitel haben wir dies im Klassendiagramm bereits so dargestellt.

```
CREATE OR REPLACE TYPE otyp_adresse0 AS OBJECT (
strasse           varchar2(30),
  plz               varchar2(5),
  ort               varchar2(30));
```

Damit wäre bereits ein benutzerdefinierter Typ angelegt, allerdings ohne eigene Funktionalität. Wollen wir neben Attributen auch Methoden definieren, so geschieht dies in zwei Schritten: Im ersten Schritt wird der Typ mit seinen Attributen und Methodensignaturen definiert, im zweiten Schritt werden die Methoden dann implementiert.

Wir sehen für jedes Attribut eine get-Methode vor, die einfach den Attributwert zurückgibt. Diese Methoden müssen und können nur für ein bestimmtes Objekt ausgeführt werden. Deswegen werden sie mit dem Zusatz MEMBER definiert. Außerdem definieren wir einen Konstruktor für ein Objekt. Hierbei handelt es sich um eine „Klassenmethode", eine Methode, die nicht an ein bestimmtes Objekt gebunden ist – wie

```
CREATE OR REPLACE TYPE otyp_adresse AS OBJECT (
    strasse varchar2(30),
    plz varchar2(5),
    ort varchar2(30),

-- Konstruktorfunktion statt des Standardkonstruktors
-- Standardkonstruktor ist nicht ueberschreibbar
-- In Klammern die Aufrufparameter
-- hinter dem Codewort RETURN der Typ des Rueckgabewerts

STATIC FUNCTION construct_adresse(
    ip_strasse VARCHAR2,
    ip_plz VARCHAR2,
    ip_ort VARCHAR2)
RETURN otyp_adresse,

-- Datentypen in Parameterliste ohne Laengenangabe
MEMBER FUNCTION get_strasse RETURN VARCHAR2,
MEMBER FUNCTION get_plz RETURN VARCHAR2,
MEMBER FUNCTION get_ort RETURN VARCHAR2
);
/
```

auch, das Objekt soll ja gerade erst mit der Methode erzeugt werden. Eine Klassenmethode wird als STATIC definiert.[20]

Mit dem obigen Befehl ist die Schnittstelle definiert. Ein Benutzer, der mit diesem Typ arbeiten will, muss lediglich diese Schnittstelle kennen, aber nicht die Implementierung. Diese wird nun vorgenommen:

```
CREATE OR REPLACE TYPE BODY otyp_adresse IS
   -- hier wird ein selbstdefinierter Konstruktor implementiert
   -- mit einer einfachen Pruefung des Wertebereichs der PLZ
STATIC FUNCTION construct_adresse(
    ip_strasse VARCHAR2,
    ip_plz VARCHAR2, ip_ort VARCHAR2)
RETURN otyp_adresse IS
      BEGIN
      IF NOT REGEXP_LIKE (ip_plz,'^\d{5}$') THEN
      raise_application_error(-20201,'Wertfehler bei plz',FALSE);
      ELSE
      RETURN otyp_adresse(ip_strasse,ip_plz,ip_ort);
      END IF;
      END; -- STATIC FUNCTION construct_adresse

   MEMBER FUNCTION get_strasse RETURN VARCHAR2 IS
      BEGIN
      -- self ist der Verweis auf das Objekt selbst,
      -- das diese Methode ausfuehrt (bei Java: this)
      RETURN self.strasse;
   END;

   MEMBER FUNCTION get_plz RETURN VARCHAR2 IS
   BEGIN
      RETURN self.plz;
   END;

   MEMBER FUNCTION get_ort RETURN VARCHAR2 IS
   BEGIN
      RETURN self.ort;
   END;

  END; -- CREATE TYPE BODY otyp_adresse
  /
```

---

[20] Ein paar Hinweise zur Syntax: die Methoden werden hier mit der proprietären Sprache PL/SQL formuliert, die dem Standard ähnelt, aber auch einige Abweichungen aufweist. Jeder Befehl wird mit Semikolon abgeschlossen. Der Schrägstrich ganz am Ende signalisiert dem Befehlseditor, dass der darüber stehende Programmcode auszuführen ist. Eine Kurzeinführung in PL/SQL, die sich auch gut als Referenz eignet, findet sich in [FePD05].

Der nächste Typ wird als VARRAY (VARYING ARRAY) deklariert, eine Struktur, die eine von vornherein beschränkte Anzahl gleichartiger Werte aufnehmen kann. Angesichts der um sich greifenden Kommunikationstechnik könnten 5 Telefonnummern pro Person nützlich sein.

```
CREATE TYPE varr_telefonliste AS VARRAY (5) OF VARCHAR2(20);
```

Beide Typen sind im übrigen ein Affront gegen die erste Normalform für Relationen![21]

8.3.2 Komplexe Objekttypen und Objekttabellen

Wir zeigen nun, wie die oben definierten abstrakten Datentypen (ADT) bei der Einrichtung eines komplexen Objekttyps verwendet werden können. Unsere bekannte Kundenrelation haben wird in Kap. 4 des ersten Bandes[22] mit dem Befehl CREATE TABLE angelegt. Hier wird nun zunächst ein Objekttyp erzeugt, der dann als Basis für eine Objekttabelle dient.

```
CREATE OR REPLACE TYPE otyp_kunde AS OBJECT
(
-- Zuvor definierte Typen werden benutzt. Keine Constraints moeglich
    kunden_nr              number (4,0),
    status                 varchar2(1),
    name                   varchar2(30),
    telefonliste           varr_telefonliste,
    adresse                otyp_adresse,
    letzte_bestellung      date,
    letzte_werbeaktion     date,
    zahlungsart            char(1)
)
    NOT FINAL;
/
```

Wir benutzen hier die im vorigen Abschnitt definierten ADTs als Typangabe für die Attribute kunden_nr, telefonliste, adresse. An dieser Stelle können keine Integritätsbedingungen angegeben werden. UNIQUE-Klauseln und ähnliches sind auf Typebene nicht gestattet. Wir müssen trotzdem nicht ganz auf sie verzichten, da wir beim Einrichten einer Objekttabelle darauf zurückkommen können. Hierauf gehen wir später ein. Die Klausel NOT FINAL am Ende ist notwendig, damit wir später Subtypen definieren können.

---

[21] Die Normalisierung von Relationen haben wir in [UnMa12] ausführlich in Kap. 11 behandelt. Die erste Normalform lässt sich übrigens „retten", wenn man formuliert, dass alle Attribute atomare Werte in Bezug auf den jeweiligen Datentyp haben. Wenn der Datentyp ein ARRAY ist, dann ist ein atomarer Wert *ein* Exemplar eines solchen Arrays, auch wenn dieses seinerseits mehrere Werte eines elementaren Datentyps organisiert.

[22] [UnMa12].

Die Struktur des Objekttyps `otyp_kunde` ist nun definiert. Hätten wir Methoden mit angegeben, so müssten diese anschließend implementiert werden. Um den Typen zu instanziieren, benötigen wir einen Behälter (Extent), der die Objekte aufnehmen kann. Hier liegt der wesentliche Unterschied zwischen objektorientierten und objektrelationalen Datenbanken: der Behälter für Objekttypen ist eine Tabelle. Die CREATE TABLE-Anweisung kommt in neuer Form daher, um solche typisierten Tabellen zu erstellen:

```
CREATE TABLE otab_kunde OF otyp_kunde
SUBSTITUTABLE AT ALL LEVELS
        -- damit auch Objekte von Unterklassen in dieser Tabelle
        -- gespeichert werden können
        (
          CONSTRAINT pk_kunde PRIMARY KEY (kunden_nr),
          status NOT NULL,
        CONSTRAINT chk_status
          CHECK (status IN  ('S','W','G')),
          adresse NOT NULL,
          zahlungsart NOT NULL,
        CONSTRAINT chk_zahlart
          CHECK (zahlungsart in ('R','B','N','V','K'))
        );
```

Die Klausel `SUBSTITUTABLE AT ALL LEVELS` wird hier in weiser Voraussicht eingesetzt, um diesen Extent auch für Objekte des später zu erstellenden Typs Kunde mit Bankeinzug nutzen zu können. Anschließend werden, wie man sieht, die altbekannten Integritätsbedingungen (vgl. [UnMa12, Kap. 4]) formuliert.[23] Nicht auf der Ebene der Typ-Definition werden diese festgelegt, sondern auf der Ebene der Definition von Extents.[24] Das führt zu einem Konflikt. Legen wir bei der Kundennummer Wert darauf, dass sie die Fähigkeit hat, selbst fortlaufende Nummern zu erzeugen und nicht mit Artikelnummern vergleichbar zu sein? Dann hätten wir für Kundennummern einen eigenen Abstrakten Datentyp definieren müssen. Oder legen wir Wert darauf, dass die Primärschlüsseleigenschaft festgehalten wird? Letztere brauchen wir zwar in Objektorientierten Datenbanken nicht wegen der Entitätsintegrität – die OID ist ein besserer Ersatz für den Primärschlüssel. Als Anwender wollen wir aber vielleicht doch nicht die identifizierende Funktion der Kundennummer missen. Beides zugleich geht jedenfalls nicht so ohne weiteres. Die PRIMARY KEY-Klausel ist zwar für Objekttabellen erlaubt, aber nicht für Attribute, deren Basis ein ADT ist! Dies ist ein Beispiel für die derzeit mangelnde Orthogonalität dieser objektrelationalen SQL-Implementierung.

---

[23] Es werden aber keine Einschränkungen außer NOT NULL für Spalten, deren Typ ein Objekt, eine eingebettete Tabelle, VARRAY, REF oder LOB ist, akzeptiert.

[24] Wir halten es für einen Mangel des objektorientierten Datenmodells, dass Integritätsbedingungen nicht deklarativ auf Typebene formulierbar sind. Es müssen dafür jeweils Methoden definiert werden, die beim Einfügen oder Ändern einer Objektinstanz die Einhaltung von Bedingungen überprüfen. Eine recht umständliche Angelegenheit! Darüber hinaus ist das Redefinieren eines Typ-Konstruktors vielfach im objektrelationalen Modell nicht möglich.

Wenn wir auf die Deklaration eines Schlüssels nicht verzichten wollen, müssen wir wohl oder übel als Wertebereich für Kunden_nr den Standarddatentyp NUMBER(4,0) einsetzen, und können dann die Anweisung CREATE TABLE otab_kunde um die Klausel

```
CONSTRAINT pk_kunde PRIMARY KEY (kunden_nr),
```

ergänzen.[25]

Die Verwendung von ADTs als Wertebereich für Attribute erfordert, wie wir bereits oben (Seite 21) gezeigt haben, Sorgfalt im Hinblick auf die Verarbeitung ihrer Werte. Wir können beim Einfügen eines Kundentupels in die neue Tabelle nicht einfach drei Strings als Adresse übergeben, sondern müssen als Attributwert jeweils ein Objekt vom Typ otyp_adresse konstruieren und dieses komplett verarbeiten. Gleiches gilt für die Telefonliste.[26]

```
INSERT INTO otab_kunde
/*  (kunden_nr, status, name, telefonliste, adresse,
letzte_bestellung, letzte_werbeaktion, zahlungsart) */
-- wuerde auch ohne den Konstruktor funktionieren
VALUES (otyp_kunde(100, 'S','Voss, Hans',
        varr_telefonliste('04511-349483','0179-3423708'),
        otyp_adresse.construct_adresse('Kuhdamm 12','23863',
        'Nienwohld'),NULL,
TO_DATE('01-12-2007','DD-MM-YYYY'),'N')
)
/
```

Wir haben im relationalen Modell unserer Versand-Datenbank (siehe Anhang) die Einrichtung einer eigenen Tabelle für die Mehrwertsteuersätze als zweckmäßig erachtet. Diese Sätze ändern sich nicht sehr häufig und kommen immer wieder bei jedem Verkauf eines Artikels zur Anwendung. Aus demselben Grund ist auch die Einrichtung einer eigenen Objekttabelle für die Mehrwertsteuer im objektrelationalen Modell sinnvoll. Wir zeigen an dieser Variante einer Typdefinition die Möglichkeit, eine eigene Methode für die Sortierung einzurichten (wobei dieses Beispiel nicht sehr kompliziert ist, anders z. B. bei Multimedia- oder Geografie-Daten). Weiter enthält dieses Beispiel einen Konstruktor, um ein neues Objekt zu erzeugen und dabei auf die Einhaltung des Wertebereichs für den Schlüssel zu achten. Leider kann der Standardkonstruktor, der den Namen des Typs hat, nicht überschrieben werden, so dass wir hier einen eigenen Namen vergeben müssen. Der Konstruktor ist eine STATIC-Funktion, da er nur einmal für die ganze Klasse existiert, die Sortierfunktion wird hingegen als MEMBER-Funktion eingerichtet, da sie für jedes Objekt einmal ausgeführt werden muss.

---

[25] Dieses Beispiel ist in dem Skript crykunde08.sql enthalten, welches man über den Verlagsserver zum herunterladen findet. Wenn man es komplett ausführen lässt, werden auch die Typen für Bankverbindung und für Kunden mit Girokonto angelegt.

[26] Dieses Beispiel ist in dem Skript inskunde08.sql enthalten. Die Skriptdatei enthält aber weitere Einfügebefehle, die erst funktionieren, wenn wir die Subklasse für Kunden mit Girokonto erzeugt haben.

```
CREATE OR REPLACE TYPE otyp_mwstsatz AS OBJECT (
mwst   integer,
     prozent  number (3,3),
     beschreibung  varchar2(10),
     -- Mit der MAP-Funktion wird eine Sortierung ermoeglicht
     MAP MEMBER FUNCTION mwst_order RETURN REAL,
     PRAGMA RESTRICT_REFERENCES
     (mwst_order, RNDS, WNDS, RNPS, WNPS),
     STATIC FUNCTION construct_mwst (in_mwst IN INTEGER,
                                    in_prozent IN NUMBER,
                                    in_beschreib IN VARCHAR2)
                                    RETURN otyp_mwstsatz
--    In der Parameterliste von Funktionen haben Variablen
--    bei PL/SQL keine Laengenangabe
     );
```

Die Implementierung der Methoden erfolgt separat.

```
CREATE OR REPLACE TYPE BODY otyp_mwstsatz AS

    MAP MEMBER FUNCTION mwst_order RETURN REAL IS
BEGIN
        RETURN prozent;
     -- Attribute und Methoden ohne explizite Objektangabe
     -- beziehen sich auf das Objekt "self" (bei Java "this")
END mwst_order;

    STATIC FUNCTION construct_mwst (in_mwst IN INTEGER,
                                    in_prozent IN NUMBER,
                                    in_beschreib IN VARCHAR2)
    RETURN otyp_mwstsatz IS
    BEGIN
        -- Constraints implementieren
        IF in_mwst < 0 THEN
           DBMS_OUTPUT.PUT_LINE
                  ('Mwst-Schluessel muss >=0 sein');
           raise_application_error
                  (-1,'Wertfehler bei mwst',FALSE);
         ELSE
             RETURN
                otyp_mwstsatz(in_mwst,in_prozent,in_beschreib);
END IF;
     END construct_mwst;
END;
```

Die MAP-Funktion bildet ein Objekt vom Typ `otyp_mwstsatz` auf eine Zahl ab. Die Abbildungsvorschrift wird mit der Implementierung festgelegt. Wir haben hier einfach den Prozentsatz genommen. Es könnte aber jeder beliebige numerische Ausdruck sein, der sich beispielsweise bei einer geometrischen Figur aus einer mehr oder weniger komplizierten Flächenberechnung ergäbe. Die Definition dieser Methode eröffnet uns die Möglichkeit, bei der Ausgabe der Tupel mit der ORDER BY VALUE-Klausel eine Standardsortierung anzufordern.

```
SELECT * FROM otab_mwstsatz m
    ORDER BY VALUE(m);
```

Die Angabe

```
PRAGMA RESTRICT_REFERENCES
        (mwst_order, RNDS, WNDS, RNPS, WNPS),
```

ist eine „Compiler-Direktive". Sie ist notwendig, um „Seiteneffekte" zu kontrollieren und besagt, dass weder Datenbank-Zustände gelesen oder verändert werden noch Prozedurvariablen. Wir beschäftigen uns mit diesen mehr technischen Dingen hier nicht weiter.

Der Bezeichner `self` zeigt zur Laufzeit auf das Objekt (Exemplar), bei dessen Bearbeitung die Methode aufgerufen wurde.

Wir erzeugen eine Objekttabelle auf Basis des Typen:

```
CREATE TABLE otab_mwstsatz OF otyp_mwstsatz
(
  mwst NOT NULL,
  prozent NOT NULL,
  CONSTRAINT pk_mwstsatz PRIMARY KEY (mwst)
)
```

In diese können wir nun Tupel mit Hilfe des Konstruktors einfügen, z. B[27]:

```
INSERT INTO otab_mwstsatz
    VALUES (otyp_mwstsatz.construct_mwst(1,.07,'halbe'))
```

8.3.3   Vererbung

Das UML-Diagramm am Anfang des Abschn. 8.3 enthält eine Spezialisierungsbeziehung zwischen Kunde und Kunde_mit_Bankeinzug. Der Subtyp enthält zusätzliche Attribute. Da eine Bankverbindung immer dieselben Attribute hat, können wir verfahren wie bei der Adresse und dafür einen eigenen Typen einführen.

---

[27] Dieses Beispiel ist mit in den Skriptdateien cryartikel.sql und insartikel.sql enthalten. Ein Link dazu befindet sich auf dem Verlagsserver.

```
CREATE OR REPLACE TYPE otyp_girokonto AS OBJECT
(
    konto_inhaber                    varchar2(30),
    blz                              varchar2(8),
    kontonr                          varchar2(10)
);
```

Der Typ für Kunden mit Bankeinzug wird nun als Subtyp erzeugt, indem man mit der Klausel UNDER den Obertypen[28] referenziert und ansonsten nur die zusätzlichen Attribute (und gegebenenfalls Methoden) spezifiziert.

```
CREATE OR REPLACE TYPE otyp_kunde_mit_bankeinzug UNDER otyp_kunde
(
  bankverbindung otyp_girokonto
);
```

Um einen Extent zu erzeugen, der Kunden und Kunden mit Bankverbindung als Objekte speichern kann, lässt sich ausnutzen, dass Objekte einer Unterklasse immer zugleich Objekte der Oberklasse sind. Das bedeutet, dass es nicht notwendig ist, eine eigene Extent-Tabelle für Kunden mit Bankverbindung anzulegen.[29] Der Extent für Kunden wird angelegt, wobei wir mit der Klausel SUBSTITUTABLE AT ALL LEVELS verlangen, dass immer dann ein Subtyp von otyp_kunde verwendet werden darf, wo ein Kunde gefragt ist. Wir brauchen hier also weiter nichts zu tun, da wir oben die Kundentabelle bereits so angelegt haben:

```
CREATE TABLE otab_kunde OF otyp_kunde
SUBSTITUTABLE AT ALL LEVELS
        (
          ...
        );
```

Wir fügen nun zwei Tupel in die Objekttabelle otab_kunde ein, eines ohne und eines mit Bankverbindung. Beim zweiten Mal müssen wir unbedingt den Konstruktor für otyp_kunde benutzen, da dieser prinzipiell auch als Methode an die Unterklasse vererbt

---

[28] Wir haben hier den Obertypen otyp_kunde angegeben. Dieser hat ein skalares Attribut als Kundennummer. Bei der Anlage der Objekttabelle otab_kunde kann man dann deklarativ einen Primärschlüssel erzeugen:

```
CREATE OR REPLACE TYPE otyp_kunde AS OBJECT
    (kunden_nr          number (4,0),
  ...)
```

Auf dem Verlagsserver befindet sich ein Link zu diesem Beispiel, hier relevant das Skript crykunde.sql.

[29] Es wäre zwar möglich, dies zu tun, dann würde der Extent von otyp_kunde aber nicht die Objekte von otyp_kunde_mit_Bankverbindung enthalten, im Widerspruch zum Prinzip, dass Objekte der Unterklasse Objekte der Oberklasse sind.

wird. Sonst würde eine Fehlermeldung erzeugt, die angibt, dass die VALUES-Klausel des
INSERT-Befehls mehr Spalten enthält als die Tabelle.

```
INSERT INTO otab_kunde
-- wuerde auch ohne den Konstruktor funktionieren
VALUES (otyp_kunde(100, 'S','Voss, Hans',
        varr_telefonliste('04511-349483','0179-3423708'),
        otyp_adresse.construct_adresse('Kuhdamm 12','23863',
        'Nienwohld'),
        NULL,
        TO_DATE('01-12-2007','DD-MM-YYYY'),'N')
)
/
```

```
INSERT INTO otab_kunde
/*         (kunden_nr, status, name, adresse, letzte_bestellung,
           letzte_werbeaktion, zahlungsart, bankverbindung) */
-- funktioniert nicht ohne Konstruktor, da sonst zu viele Spalten
VALUES (otyp_kunde_mit_bankeinzug(101,'S','Stein, Peter',
        varr_telefonliste('04523-3456'),
        otyp_adresse.construct_adresse('Moordamm 34', '23863',
        'Kayhude'),
        TO_DATE('28-04-2008','DD-MM-YYYY'),
        TO_DATE('01-12-2007','DD-MM-YYYY'),'B',
        otyp_girokonto('Dagmar Stein', '23410022','123456789'))
        )
/
```

Abfragen von Daten aus einer Objekttabelle behandeln wir wenig später in Abschn. 8.3.6.

8.3.4 Referenzen

Die Beziehung zu einem Objekt eines eigenständigen Objekttyps wird durch eine
„Referenz" hergestellt.[30] Implizit wird dafür die OID genutzt, der Nutzer hat jedoch
damit nichts zu tun. Voraussetzung für die Referenzierbarkeit eines Objekttyps ist, dass
ein Extent in Form einer Objekttabelle erzeugt worden ist.

Die Einbindung einer Referenz in eine Typdefinition geschieht über ein Attribut
(„Referenzattribut"). Dessen Typ wird auf folgende Weise angegeben:

$$\text{referenzattribut} \quad \text{REF objekttyp}$$

Wir nutzen dieses Konstrukt, um einen Objekttyp für Artikel zu erzeugen, der eine Referenz auf den zugehörigen MwStSatz enthält.[31]

---

[30] In imperativen Programmiersprachen wie Pascal, C, C++ entspricht das im Wesentlichen
einem Pointer bzw. einer Adresse.

[31] Dieses und alle anderen Beispiele sind in vollständiger Ausführung in unseren Skripten enthalten. Ein Link dazu befindet sich auf dem Verlagsserver.

```
CREATE OR REPLACE TYPE otyp_artikel AS OBJECT (
artikel_nr          varchar2(4),
        mwst                REF otyp_mwstsatz,
        bezeichnung         varchar2(15),
        listenpreis         number(8,2),
        bestand             number(5,0),
        mindestbestand      number (5,0),
        verpackung          varchar2(15),
        lagerplatz          number(2,0),
        kann_wegfallen      number(1,0),
        bestellvorschlag    date,
        nachbestellung      date,
        nachbestellmenge    number(5,0),
        MEMBER FUNCTION get_mwst RETURN REAL,
        PRAGMA RESTRICT_REFERENCES (get_mwst, WNDS, WNPS)
    -- moegl. Methoden:
        --      init_nachbestellung, entferne_aus_lager,
        --      neue_artikel_nr, preiserhoehung
        );
```

Wir haben eine Methode angegeben, die den MwStSatz eines Artikels zurückgibt. Die Implementierung überlassen wir als Übung dem Leser.[32] Wie in den vorherigen Fällen richten wir als Extent eine Tabelle ein, zu der dann auch die Integritätsbedingungen so

```
CREATE TABLE otab_artikel OF otyp_artikel (
    CONSTRAINT pk_artikel PRIMARY KEY (artikel_nr),
    CONSTRAINT nn_mwst mwst NOT NULL,
    CONSTRAINT nn_bezeichnung bezeichnung NOT NULL,
    CONSTRAINT nn_listenpreis listenpreis NOT NULL,
    CONSTRAINT nn_bestand      bestand NOT NULL,
    CONSTRAINT chk_bestand CHECK (bestand >= 0),
    CONSTRAINT nn_mindestbestand mindestbestand NOT NULL,
    CONSTRAINT chk_mindestbestand
        CHECK (mindestbestand >= 0),
    CONSTRAINT chk_nachbestell
        CHECK (nachbestellmenge >= 0)
-- FOREIGN KEY entfaellt wegen Einbindung mwst als REF-Typ
    );
```

formuliert werden, wie wir es bei der relationalen Fassung auch getan haben.

Beim Einfügen von Objekten muss, wie wir bereits gesehen haben, der Typ der Attribute respektiert werden, was bei ADTs den Einsatz des Konstruktors erfordert. Der Konstruktor für den MwStSatz heißt in unserem Fall REF und muss sich auf ein konkretes

---

[32] In der Datei cryartikel unserer Skriptsammlung findet sich die Lösung.

Objekt vom Typ `otyp_mwstsatz` beziehen. Dies macht eine Abfrage erforderlich, weil wir auf andere Weise keine Referenz auf ein Mwst-Objekt erzeugen können. Alle anderen Attribute müssen dabei als Konstante mit angegeben werden.

```
INSERT INTO otab_artikel
        (Artikel_Nr, Verpackung, Bezeichnung, Lagerplatz,
        Bestand, Mindestbestand, Listenpreis, MWST)
        SELECT 'G001','0,7 l','Whisky',7,397,50,38.50,
        REF(m) FROM otab_mwstsatz m
        WHERE m.mwst = 2
```

Mit der obigen Einfügeabfrage wird für das Attribut `mwst` die OID des Objekts mit dem Schlüsselwert `mwst = 2` eingetragen.

Etwas logischer erscheint vielleicht die folgende Variante, bei der die SELECT-Anweisung, die die Referenz auf das MwSt-Objekt liefert, einzeln innerhalb der Werteliste auftritt. Diese Variante ist jedenfalls dann zu empfehlen, wenn mehr als eine Referenz übergeben werden soll, sonst wird die gesamte Anweisung recht unübersichtlich.

```
INSERT INTO otab_artikel
        (Artikel_Nr, Verpackung, Bezeichnung, Lagerplatz,
Bestand, Mindestbestand, Listenpreis, MWST)
VALUES
        ('G001','0,7 l','Whisky',7,397,50,38.50,
          (SELECT  REF(m) FROM otab_mwstsatz m
          WHERE m.mwst = 2))
/
```

8.3.5 Abfragen

Bevor wir Abfragen an einzelnen Beispielen erläutern, ein Hinweis: In vielen Fällen, und immer dann, wenn objektorientierte Möglichkeiten genutzt werden, *muss* in der FROM-Klausel ein Tabellenalias angegeben werden. Der Grund dafür ist, dass jedes zurückgegebene Tupel zunächst in ein Objekt verwandelt werden muss, damit beispielsweise dessen Methoden zur Verfügung stehen.

Für die Abfrage einer Objekttabelle steht zunächst einmal der SELECT-Befehl in seiner bekannten Form zur Verfügung. Allerdings sind die Resultate nicht unbedingt sehr leserlich, wenn man in der Projektionsangabe den Namen eines nicht-skalaren Attributs angibt. Zum Beispiel liefert die Abfrage des Attributs `mwst` der Tabelle `otab_artikel` eine Ausgabe der folgenden Art:

```
0000220208A456CA777B2811D3A9080000E867DD32A456CA437B2811D3A
```

Abgesehen davon, dass man die OID eigentlich als Nutzer nicht sehen sollte, ist das natürlich keine Aussage von Wert. Man muss daher, um die Mehrwertsteuerangaben

eines Artikels im Klartext zu sehen, die Referenz auflösen, sozusagen ersetzen durch das
konkrete Objekt, auf das sie zeigt. Dafür gibt es den Operator DEREF

```
SELECT artikel_nr, verpackung, bezeichnung, DEREF(mwst)
    FROM   otab_artikel;
```

In der Antwort werden nicht einfach die Werte des entsprechenden Tupels der Mehrwertsteuer-Tabelle ausgegeben, sondern dies geschieht mit vorangestellten Typbezeich-
nern in Klammern. Auch hier sieht man, dass das objektrelationale Modell sehr genau
Typen und Werte unterscheidet.

```
ARTIKEL_NR VERPACKUNG BEZEICHNUNG DEREF(MWST)(MWST, PROZENT,
BESCHREIBUNG)
---------------------------------------------------------------------
---
G001       0,7 l       Whisky  OTYP_MWSTSATZ(2, .19, 'volle')
G002       0,5 l       PortweinOTYP_MWSTSATZ(2, .19, 'volle')
G003       6er Pack    Bier    OTYP_MWSTSATZ(2, .19, 'volle')
K001       Karton      Schuhe  OTYP_MWSTSATZ(2, .19, 'volle')
```

Interessant ist aber die Möglichkeit, die wir im Folgenden vorstellen. Die Einbettung
eines Verweises auf ein Tupel der Mehrwertsteuer-Tabelle über eine Referenz macht den
Zugriff auf seine Attribute quasi als Eigenschaft eines Artikels möglich. Dazu dient die
sogenannte „Punktnotation".[33]

```
SELECT a.artikel_nr, a.mwst.prozent FROM otab_artikel a
WHERE a.mwst.prozent = 0.19;

ARTIKEL_NR MWST.PROZENT
---------- ------------
G001                ,19
G002                ,19
G003                ,19
K001                ,19
K002                ,19
K003                ,19
L004                ,19
L005                ,19
```

---

[33] Dass im Befehl die Wertangabe mit Dezimalpunkt erscheint und in der Ausgabe mit Dezimal-
komma, ist kein Druckfehler. Die Ausgabe ist auf deutsches Zahlenformat eingestellt. In Anweisungen werden Zahlenwerte dagegen stets mit Dezimalpunkt angegeben. Dies gilt auch für fast alle
Programmiersprachen, da diese normalerweise auf der englischen Sprache basieren.

Im Ausdruck a.artikel_nr wird – wie von der relationalen Datenmanipulation her bekannt – kundgetan, dass artikel_nr ein Attribut der Tabelle otab_artikel mit dem Alias a ist. Der Ausdruck a.mwst.prozent gibt an, dass prozent ein Attribut von mwst und mwst ein Attribut von a ist. Gegenüber der oft recht aufwendigen Formulierung eines Joins ist der Zugriff hier eindeutig erleichtert. Man bezeichnet diese Art auch als „navigierenden Zugriff", da man über ein Objekt „einsteigt" und über die von ihm ausgehenden Referenzen zu anderen Objekten hin „navigiert".

Die Objekte von Kunden mit Bankverbindung waren in Abschn. 8.3.4 in die Objekttabelle für Kunden eingefügt worden, die ja per Definition eigentlich nicht über die Attribute der Bankverbindung verfügt. Da wir aber den Typ für Kunden mit Girokonto als Subtyp von otyp_kunde eingeführt hatten, lassen sich dessen Objekte wie normale Kunden behandeln. Nun muss sich zeigen, dass die Zusatzangaben auch bei Abfragen wieder zur Verfügung stehen. Dazu ist es erforderlich, die Behandlung der zusätzlichen Attribute explizit anzufordern, indem man verlangt, dass alle Kunden wie Exemplare des Subtyps behandelt werden. Damit werden die zusätzlichen Attribute des spezialisierten Typs in die Projektionsliste übernommen, und für normale Kunden erhalten sie den Wert NULL:

```
SELECT kunden_nr, name,
    TREAT (VALUE(k) AS
            otyp_kunde_mit_bankeinzug).
            bankverbindung.konto_inhaber
            AS konto_inhaber,
    TREAT (VALUE(k) AS otyp_kunde_mit_bankeinzug).
            bankverbindung.kontonr
            AS kontonr,
    TREAT(VALUE(k) AS otyp_kunde_mit_bankeinzug).
            bankverbindung.blz
            AS blz
FROM otab_kunde k;

KUNDEN_NR  NAME           KONTO_INHABER  KONTONR  BLZ
---------  --------       -------------------------------------------
      100  Voss, Hans
      101  Stein, Peter   Dagmar Stein   123456789  23410022
      103  Randers, Nis   Tetsche Wind   20001234   23410112
...
```

Die Abfrage eines VARRAYS erfordert besondere Vorbereitungen. Der Typ otyp_kunde enthält ein VARRAY telefonliste für Telefonnummern. Möchte man sich im Rahmen einer SELECT Anweisung beispielsweise die erste davon anzeigen lassen, funktioniert dies nicht mit dem Ausdruck telefonliste(1) oder auch telefonliste[1], wie man es von Programmiersprachen her kennt. Vielmehr ist es notwendig, hierzu eine Funktion zu schreiben, die dann in der Abfrage verwendet werden kann.

```
create or replace
FUNCTION
  get_telefon_pos(i_tellist VARR_TELEFONLISTE,
                  i_pos INTEGER)
  RETURN VARCHAR2
IS
BEGIN
  dbms_output.put_line(i_tellist.COUNT); -- nur zur Kontrolle
  IF i_tellist.COUNT >= i_pos
    THEN RETURN i_tellist(i_pos);
  ELSE RETURN NULL;
  END IF;
END;
```

Leider lässt sich die Funktion nicht für alle VARRRAYs verallgemeinern, sie muss auf Basis eines mit CREATE TYPE angelegten besonderen Typs definiert werden.

In einer Abfrageanweisung könnten dann folgendermaßen einzelne Telefonnummern angezeigt werden:

```
SELECT kunden_nr, name, get_telefon_pos(telefonliste,1) TEL1,
get_telefon_pos(telefonliste,2) TEL2
FROM otab_kunde;
```

8.3.6   Eingebettete Objekttypen

Oracle unterstützt zur Zeit zwei Kollektionstypen: VARRAY und die eingebettete Tabelle (nested table).[34] Mit eingebetteten Tabellen als Typ können Attribute definiert werden, die eine Multimenge von Tupeln enthalten. Wenn eine solche Tabelle nur ein Attribut enthält, handelt es sich eben um eine Multimenge von Einzelwerten. Die Einbettung einer Tabelle, die selbst auf einem Objekttyp beruht, in einen anderen Objekttyp stellt eine sehr enge Verbindung dar. Wir haben sie in Abschn. 5.3 als Komposition eingeführt. In unserer Fallstudie kann die Verbindung zwischen einer Bestellung und ihren Positionen als Komposition aufgefasst werden. Im Entity-Relationship-Modell würde man einen eingebetteten Objekttyp in vielen Fällen als abhängigen Entitätstyp modellieren.[35]

Um diese Idee umzusetzen, müssen wir erst einen Objekttyp für Positionen definieren, den wir dann in einen Typ für Bestellungen einbetten. Langsam werden unsere Objekttypen auch komplexer, denn eine Position enthält einen Verweis auf einen Artikel. Wir verwalten Artikel unabhängig von Bestellpositionen und sollten deshalb hierfür eine Referenz einsetzen. Da der Typ otyp_artikel selbst wieder ein Attribut vom Typ

---

[34] In der Norm entsprechend ARRAY und MULTISET.

[35] Das Konzept der abhängigen Entität ist aber nicht identisch mit dem objektorientierten Konzept der Komposition. Wir haben dies in Abschn. 5.3 dargelegt.

REF `otyp_mwsatz` enthält, haben wir dann gleich eine mehrstufige Referenz. Wir zeigen hierbei auch noch einmal ein Beispiel für eine Methode mit dem Namen `get_artikel_nr`, die die Anzeige der Artikelnummer einer Bestellposition etwas einfacher gestaltet.

```
CREATE OR REPLACE TYPE otyp_position AS OBJECT (
pos_artikel     REF otyp_artikel,
        mwst            number (4,3),
          -- tatsaechlich angewandter MWST-Satz als Dezimalzahl
        bestellmenge    number (5,0),
        liefermenge     number(5,0),
        gesamtpreis     number(10,2),
        MEMBER FUNCTION get_artikel_nr RETURN VARCHAR2,
        PRAGMA RESTRICT_REFERENCES (get_artikel_nr, WNDS, WNPS)
        );

CREATE OR REPLACE TYPE BODY otyp_position AS
   MEMBER FUNCTION get_artikel_nr RETURN VARCHAR2 IS
     lvar_artnr  VARCHAR2(4);
   BEGIN
     SELECT artikel_nr INTO lvar_artnr
       FROM   otab_artikel a
       WHERE  VALUE(a) = DEREF(pos_artikel);
     RETURN lvar_artnr;
   END get_artikel_nr;
 ;
```

Wir haben nunmehr den Typ einer einzelnen Position beschrieben. Wenn wir eine ganze Tabelle davon in eine Bestellung einbetten wollen, müssen wir einen Kollektionstyp definieren.

```
CREATE OR REPLACE TYPE ntyp_position AS TABLE OF otyp_position;
```

Jetzt kann `otyp_bestellung` erstellt werden.

```
CREATE OR REPLACE TYPE otyp_bestellung AS OBJECT (
            bestell_nr       number(6,0),
            bestellkunde     REF otyp_kunde,
            bestelldatum     date,
            lieferdatum      date,
            positionen       ntyp_position,
            rechnungsbetrag  number(10,2)
            );
```

Wir erzeugen anschließend einen Extent für diesen Typ mit der Besonderheit, dass wir auch für die eingebettete Tabelle einen Namen vergeben können.

```
CREATE TABLE otab_bestellung OF otyp_bestellung
    NESTED TABLE positionen STORE AS ntab_position;
```

Das Einfügen eines neuen Tupels in Bestellung wird nun wegen der relativ komplizierten Struktur schon etwas aufwändig. Es lässt sich aber vermeiden, dass man mit der Bestellung gleich alle Positionen übergibt. Mit dem Ausdruck

```
ntyp_position ()
```

wird die Sammlung instanziiert, bleibt aber leer. Die Tupel, die ihn mit Inhalt füllen, können später separat an die Datenbank übermittelt werden.

```
INSERT INTO otab_bestellung
        (bestell_nr, Bestelldatum, bestellkunde, Lieferdatum,
        Rechnungsbetrag, Positionen)
        SELECT 151,TO_DATE('28-04-2008','DD-MM-YYYY'),REF(k),
        TO_DATE('02-05-2008','DD-MM-YYYY'), 200.67,
        ntyp_position ()
        /* der Positionen-Sammler wird hier nur instanziiert,
           aber nicht mit Objekten gefuellt.
           Wichtig hier die Angabe des Nested-Tabellen-Typs. */
        FROM otab_kunde k
        WHERE k.kunden_nr = 101
```

Die Tatsache, dass ein Attribut nicht einen Wert, sondern eine Tabelle enthalten kann, hat weitreichende Konsequenzen.

Wir können solche Attribute nicht wie einen (skalaren) Wert behandeln, sondern müssen den Tabellenkonstruktor TABLE verwenden

Die Klausel

```
TABLE (SELECT ausdruck FROM tabelle ...)
```

liefert uns eine Tabelle, die an Stellen, in denen Tabellen auftreten können, eingesetzt werden kann. Das sind neben der SELECT-Anweisung auch die INSERT-, UPDATE- und DELETE-Anweisung.

Damit wir das folgende Tupel der richtigen Bestellung zuordnen können, wird die Zieltabelle für den folgenden INSERT-Befehl durch eine Abfrage erzeugt. Die Referenz auf einen Artikel lässt sich wieder nur über eine SELECT-Anweisung darstellen und in das neue Tupel einfügen.

```
INSERT INTO TABLE (
    SELECT positionen FROM otab_bestellung WHERE bestell_nr = 151)
    SELECT REF(a1),a1.get_mwst(),4,4,49.80
    FROM  otab_artikel a1
    WHERE artikel_nr = 'G001'
/
```

Die Anzeige von Bestelldaten mit dem Namen des Kunden kommt wieder ohne Join aus.

```
select bestell_nr, bestelldatum, b.bestellkunde.kunden_nr,
b.bestellkunde.name
from otab_bestellung b;


BESTELL_NR BESTELLDATUM BESTELLKUNDE.KUNDEN_NR BESTELLKUNDE.NAME
---------- ------------ ---------------------- -----------------
       151 28.04.08                        101 Stein, Peter
       152 30.04.08                        103 Randers, Nis
```

Die Positionsdaten einer Bestellung aus der eingebetteten Tabelle anzuzeigen, erfordert noch ein syntaktisches Konstrukt, die CURSOR-Klausel. Der Cursor liefert einen sequenziellen Zugriff auf die Tupel der Untertabelle, um dort, wo sonst ein einzelner Attributwert steht, eine Menge von Tupeln als Tabelle anzuzeigen.[36] Bei der ersten Variante erscheint wieder die unleserliche OID, die die Referenz auf den MwStSatz des Artikels darstellt. In der zweiten Varianten projizieren wir, entlang der Referenzen navigierend, auf Einzelattribute.

1. Variante:
```
SELECT b.bestell_nr,
CURSOR (SELECT DEREF(pos_artikel), bestellmenge
        FROM TABLE (b.positionen)
        )
FROM otab_bestellung b
;


BESTELL_NR CURSOR(SELECTDEREF(P
---------- --------------------
       151 CURSOR STATEMENT : 2


CURSOR STATEMENT : 2


DEREF(POS_ARTIKEL)(ARTIKEL_NR, MWST, BEZEICHNUNG, LISTENPREIS,
BESTAND, MINDESTB
----------------------------------------------------------------
BESTELLMENGE
------------
OTYP_ARTIKEL('K002',
0000220208F6C875DF3D4C4067AB8323CBFBC3B3889E1EB69AB2DC4B139
A4B6698472A1C6C, 'Hose', 112,8, 62, 25, NULL, 2, NULL, NULL, NULL,
NULL)
          3


OTYP_ARTIKEL('G001',
0000220208F6C875DF3D4C4067AB8323CBFBC3B3889E1EB69AB2DC4B139
A4B6698472A1C6C, 'Whisky', 38,5, 397, 50, '0,7 l', 7, NULL, NULL,
NULL, NULL)
          4


...
```

---

[36] Zum Cursor-Konzept vgl. Kap. 4.

2. Variante

```
SELECT bestell_nr, bestelldatum, b.bestellkunde.kunden_nr,
       b.bestellkunde.name,
       CURSOR (SELECT p.pos_artikel.artikel_nr AS artikel_nr,
              p.pos_artikel.bezeichnung AS bezeichnung,
              p.bestellmenge AS bestellmenge
              FROM TABLE (b.positionen) p)
FROM otab_bestellung b;


BESTELL_NR BESTELLDATUM BESTELLKUNDE.KUNDEN_NR BESTELLKUNDE.NAME
---------- ------------ ---------------------- -------------------

CURSOR(SELECTP.POS_A
--------------------

       151 28.04.08                            101 Stein, Peter
CURSOR STATEMENT : 5


CURSOR STATEMENT : 5


ARTIKEL_NR BEZEICHNUNG      BESTELLMENGE
---------- ---------------- ------------
K002       Hose                        3
G001       Whisky                      4
G003       Bier                        3
K003       Damenhut                    1
L002       China-Tee                  10
```

8.3.7   Schreiboperationen in Objekttabellen

Wir haben bereits vorgeführt, wie man Daten in eine Objekttabelle einfügt. Weitere Schreiboperationen sind Änderungen an vorhandenen Objekten und Löschungen.

Das Löschen von Daten aus Objekttabellen geht genauso vor sich wie bei der relationalen Variante. Der folgende Befehl löscht die Bestellung 151:

```
DELETE FROM otab_bestellung
WHERE        bestell_nr = 151;
```

Damit werden gleichzeitig die Positionsdaten in der eingebetteten Tabelle gelöscht. Eine Besonderheit gibt es bei eingebetteten Tabellen. Hier muss eine Subquery mit dem Typkonstruktor TABLE verwendet werden. Der folgende Befehl löscht alle Positionen der Bestellung 151:

```
DELETE FROM TABLE (SELECT b.positionen
                   FROM   otab_bestellung b
                   WHERE  b.bestell_nr =151);
```

Das Ändern von Daten mit dem UPDATE-Befehl unterliegt einigen Besonderheiten, wenn es sich nicht um skalare Attribute handelt, sondern Attribute, die auf einem benutzerdefinierten Typ beruhen. Im Falle der Kundenadresse haben wir ein Attribut auf Basis des Typs otyp_adresse mit innerer Struktur definiert. Der Zugriff auf eine einzelne Komponente erfolgt mit der „Punktnotation":

```
UPDATE otab_kunde k
SET k.adresse.strasse = 'neue Strasse 3'
    WHERE kunden_nr = 103;
```

Der Tabellenalias k darf dabei nicht fehlen. Erlaubt ist auch die Anwendung des UPDATE-Befehls auf eine konstruierte Tabelle, die Resultat einer Abfrage ist.

```
UPDATE (SELECT kunden_nr, k.adresse.strasse strasse,
               k.adresse.plz
        FROM otab_kunde k
        WHERE kunden_nr = 103)
SET strasse = 'neue Strasse 4';
```

Hier haben wir die Struktur der Adresse aufgelöst, so dass eine „flache" Tabelle vorliegt.

Schreiboperationen in eingebettete Tabellen Um Attributwerte in einer eingebetteten Tabelle zu aktualisieren, ist es erforderlich, diese sozusagen in eine „normale" Tabelle umzuwandeln. Dazu dient der Typkonstruktor TABLE, den wir in Abschn. 8.3.7 eingeführt haben. Möglich ist dies nur für jeweils eine Bestellung, da für jedes Bestellung-Objekt die eingebetteten Positionen eine eigene Tabelle darstellen: der Datentyp des Attributs positionen ist ntyp_position, letzterer wurde als TABLE OF otyp_position definiert.

Ändern wir nun für die Bestellung 151 die Bestellmenge für Whisky auf 1000:

```
UPDATE TABLE
       (SELECT b.positionen
        from otab_bestellung b
        WHERE bestell_nr = 151) p
SET p.bestellmenge=1000
WHERE p.pos_artikel.artikel_nr = 'G001';
```

Der Befehl UPDATE bezieht sich auf das Attribut in otab_bestellung, das die eingebettete Tabelle enthält. Mit dem Konstruktor TABLE wird dieses in eine selbständige Tabelle umgewandelt. Dieser Tabelle wird der Aliasname p gegeben. Somit kann auf alle Attribute in der WHERE- und SET-Klausel zugegriffen werden.

Auch mehrere Tupel dieser eingebetteten Tabelle können zugleich mit einer UPDATE-Anweisung geändert werden, solange es sich um dieselbe Bestellung handelt.

8.3.8   Object Views

Ein View ist eine virtuelle Tabelle, erzeugt durch eine Abfrage. Wir haben dies in Kap. 9 unseres ersten Bandes[37] beschrieben. Ein object view ist das Gleiche als Objekttabelle. Jede Zeile in einem object view ist ein Objekt mit Attributen und möglicherweise Methoden. Ein interessanter Aspekt an dieser Form der Datensichten besteht darin, dass es möglich ist, object views auf relationalen Basistabellen aufzubauen. Damit gewinnt man Vorteile bei der objektorientierten Programmierung von Anwendungen. Die Zugriffe auf Daten können beispielsweise über die object views erfolgen, so als wären die Datenstrukturen objektorientiert und nicht relational.[38] Ein weiterer Vorteil besteht darin, dass die Navigation zu den Werten komplexer, auf abstrakten Datentypen basierender Attribute einfacher sein kann,[39] als ein komplizierter Join über 2 oder mehr Tabellen.

Wir zeigen ein Beispiel, in dem wir object views über den Basistabellen unserer relationalen Versanddatenbank anlegen. Im Unterschied zu relationalen Datensichten sind jeweils zwei Schritte erforderlich.

Zunächst erzeugen wir einen Datentyp für Kundenobjekte. Dabei wollen wir die Adresse als benutzerdefinierten Datentyp verwalten.

```
CREATE TYPE otyp_KUNDE4view AS OBJECT
(
        kunden_nr                       number (4,0)  ,
        status                          varchar2(1)   ,
        name                            varchar2(30)  ,
        adresse                         otyp_adresse,
        letzte_bestellung               date,
        letzte_werbeaktion              date,
        zahlungsart                     char(1)
)
```

Im zweiten Schritt erzeugen wir den view über eine Abfrage, die natürlich objektspezifische Eigenarten enthält. Die eine ist die optionale Festlegung, dass die OID auf Basis des Primärschlüssels erzeugt werden soll. Weiterhin müssen wir den Standardkonstruktor für eine Adresse benutzen, um mit den Werten von Straße, Postleitzahl und Ort ein Objekt vom Typ `otyp_adresse` zu erzeugen.

---

[37] [UnMa12].

[38] Schreibende Zugriffe auf Views sind nicht immer zulässig, wie wir in Kap. 9 von [UnMa12] ausgeführt haben. Es gibt aber die Möglichkeit, über INSTEAD OF-Trigger das Verhalten eines UPDATE-Befehls so umzudefinieren, dass er die gewünschten Operationen auf Basistabellen ausführt.

[39] Darüber, was im Endeffekt einfacher ist, können sich nun Anhänger der Objektorientierung und Verfechter des "klassischen" relationalen Ansatzes endlos streiten.

```
CREATE VIEW ov_kunde
  OF otyp_KUNDE4view
  WITH OBJECT IDENTIFIER (kunden_nr)
AS SELECT k.kunden_nr, status, name,
otyp_adresse(strasse, plz, ort),
        letzte_bestellung, letzte_werbeaktion, zahlungsart
    FROM kunde k
```

Der Objekttyp für Bestellungen enthält nun eine Referenz auf den object view für Kunden.

```
CREATE TYPE otyp_BESTELLUNG4view AS OBJECT
(
    bestell_nr                      number(6,0),
    ref_kunde                       REF otyp_KUNDE4view,
    bestelldatum                    date,
    lieferdatum                     date,
    rechnungsbetrag                 number(10,2)
)

CREATE VIEW ov_bestellung
  OF otyp_BESTELLUNG4view
  WITH OBJECT IDENTIFIER (bestell_nr)
AS
  SELECT bestell_nr,
         REF (k),
         bestelldatum, lieferdatum, rechnungsbetrag
    FROM bestellung b, ov_kunde k
    WHERE b.kunden_nr = k.kunden_nr
```

Eine Abfrage auf diese Datensicht zeigt uns nunmehr die in relationalen Tabellen gespeicherten Tupel wie Objekte:

```
SELECT bestell_nr, bestelldatum, DEREF (ref_kunde)
FROM   ov_bestellung;

BESTELL_NR BESTELLDATUM
---------- --------
DEREF(REF_KUNDE)(KUNDEN_NR, STATUS, NAME,
    ADRESSE(STRASSE, PLZ, ORT), LETZTE_BESTELLUNG,
    LETZTE_WERBEAKTION, ZAHLUNGSART)
------------------------------------------------------------------
      151 28.04.08
          OTYP_KUNDE4VIEW(101, 'S', 'Stein, Peter',
              OTYP_ADRESSE('Moordamm 34', '23863',
              'Kayhude'), '28.04.08', '01.12.07', 'B')
```

8.4   Logischer Entwurf objektrelationaler Datenbanken für Oracle

Der logische Entwurf und die Dokumentation objektrelationaler Datenbanken stellt besondere Anforderungen. Die mögliche Vielzahl benutzerdefinierter Datentypen mit mehrstufigen Abhängigkeiten und deren Nutzung in Objekttabellen kann schnell dazu führen, dass Entwickler und Anwender der Datenbank den Überblick verlieren.

UML-Klassendiagramme haben sich als Darstellungsmethode für den Technologie-unabhängigen Entwurf von Datenstrukturen und Verhalten für Datenbanken aller Art und objektorientierte Programme durchgesetzt. Sie sind nur gedacht für und können nur beim *konzeptuellen* Entwurf helfen. Der logische Entwurf ist dann daraus abzuleiten und unterstellt die Möglichkeiten der für die Implementierung vorgesehenen technischen Plattformen, insbesondere das Datenmodell (relational, objektorientiert, objektrelational) und sogar deren herstellerspezifische Besonderheiten. Für den Entwurf objektrelationaler Datenbanken heißt das: die Umsetzung von Klassen und Assoziationen in Datentypen und deren Verwendung in weiteren Datentypen sowie in typisierten Objekttabellen erfordert weitergehende Entscheidungen des Entwicklers.

Das Klassendiagramm (Abb. 8.5) zeigt intensionale und extensionale Sicht in einem. Die intensionale Sicht wird durch die Klassen als Typen, deren Attribute und Methoden und durch die Assoziationen angegeben. Die extensionale Sicht existiert darin, dass implizit die Klassensymbole auch für die Behälter der Objekte stehen. Außerdem gehören die Kardinalitäten an den Assoziationen zur extensionalen Sicht, da sie beschreiben, wieviele *Objekte* einer Klasse B mit jeweils einem Objekt der Klasse A in Beziehung stehen und umgekehrt. Die Vererbungsbeziehung vereint auf besondere Weise intensionale und extensionale Sicht: die Subklasse wird hinsichtlich der Strukturelemente „größer", da sie alle Attribute und Methoden der Oberklasse „erbt", sie ggf. überschreibt und weitere Attribute und Methoden hinzufügen kann. Extensional betrachtet, ist hingegen die Oberklasse „größer", da alle Objekte der Unterklasse auch der Oberklasse angehören.

Verschiedene Möglichkeiten für die Umsetzung von Beziehungen Für die Transformation des konzeptuellen Modells in Abb. 8.5 in objektrelationale Strukturen gibt es verschiedene Möglichkeiten, die Beziehungen zu realisieren. Wir können ein Objekt direkt in ein anderes einbetten, indem wir es als Datentyp für ein Attribut verwenden. Wir können es alternativ für sich bestehen lassen und von anderen Objekten mit einer Referenz darauf verweisen (Typkonstruktor REF). Wir können schließlich auch die relationalen Fremdschlüssel benutzen, was aber dem objektorientierten Paradigma widerspräche. Beziehungen mit Kardinalität „viele" auf einer Seite und 1 auf der anderen Seite können analog dem Fremdschlüssel über eine Referenz auf das Objekt, das einmal an der Beziehung beteiligt ist, umgesetzt werden. Sie können auch von der anderen Seite her durch ein Varray oder eine eingebettete Tabelle realisiert werden. Schließlich lassen sich all diese Möglichkeiten kombinieren, z. B. sodass ein Varray Referenzen enthält usw. Wie auch immer der Entwerfer entscheidet – sicher ist, dass die Struktur der

Anwendungsdatenbank durch eine Vielzahl von benutzerdefinierten Datentypen geprägt wird, zwischen denen vielfältige Abhängigkeiten bestehen.

Wir sehen darin einen Grund, für ein eigenes Typmodell zu plädieren, das als Bauplan für die CREATE TYPE Anweisungen verstanden werden soll – und natürlich genauso der nachträglichen Dokumentation dienen kann. Einige Argumente mögen dies untermauern:

- Auf Basis eines abstrakten Datentyps können mehrere verschiedene Tabellen als Extent erzeugt werden.
- zwischen Typen sind andere (weniger) Beziehungen möglich als zwischen Klassen (im Wesentlichen „verwendet", „referenziert", „spezialisiert").
- Die Beziehungen zwischen Extents sind mengenmäßig zu verstehen, Beziehungen zwischen Typen nicht. Die Semantik von Typmodell und Extentmodell sind also unterschiedlich.
- Bei der Erstellung der Strukturen in einer Objektrelationalen Datenbank unter SQL sind CREATE TYPE und CREATE TABLE … OF zwei verschiedene Operationen, die in dieser Reihenfolge auszuführen sind.
- Jedes Modell für sich wird übersichtlicher, als wenn die Frage, ob zu einem Typ ein Extent erzeugt wird, durch ein Attribut wie „persistent" gesteuert wird (vgl. Entwurfswerkzeuge wie Power Designer, die so verfahren).
- Wichtige Eigenschaften des Datenmodells wie Primary Keys und weitere deklarative Einschränkungen können nur auf Basis des Extents festgelegt werden. (Das ist allerdings ein Mangel an SQL).
- Schließlich erscheint eine grafische Visualisierung der Abhängigkeiten von Typen notwendig, um den Überblick über die Datenstrukturen zu behalten bzw. zu ermöglichen. Das Klassendiagramm leistet dies nicht.

Wir schlagen eine eigene Sorte von Diagrammen vor, das Datentypendiagramm. Soweit wie möglich, verwenden wir die UML-Notation. In Anlehnung an UML steht das Klassensymbol für einen Typ, allerdings mit speziellen Abwandlungen, um Arrays und eingebettete Tabellen von Objekttypen zu unterscheiden. Die Darstellung enthält noch viel Verbesserungspotenzial – die Autoren sind offen für Vorschläge. Abbildung 8.6 zeigt einen ersten Ausschnitt aus dem logischen Datenmodell.

Wie im Klassendiagramm ist das Symbol für einen abstrakten Datentyp unterteilt in drei Teile, oben Name und ggf. erläuternde Angaben wie Stereotyp (in doppelten spitzen Klammern) und Zusicherungen (in einfachen geschweiften Klammern). Der mittlere Teil enthält die Attribute respektive Felder. Der untere Teil ist für die Signaturen der Methoden vorgesehen, auf die wir hier jedoch nicht eingehen. Weiter benutzen wir Kommentare:

/* schließt einen Kommentar ein */

Standarddatentypen werden im Typsymbol direkt hinter dem Attributbezeichner angegeben

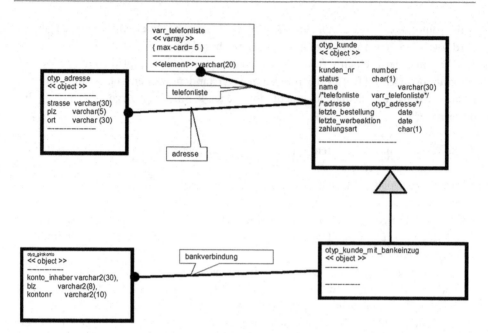

Abb. 8.6 Datentypendiagramm 1. Teil

Typen die als Datentyp von Attributen verwendet werden, werden mit dem Typ, dem das Attribut gehört, über eine gerichtete Beziehung verbunden. Der Attributbezeichner wird wie eine Rolle als Eigenschaft der Beziehung notiert. Zusätzlich können Attribut und Datentyp im Typsymbol auskommentiert dargestellt werden.

Für Varrays gilt speziell: Die Notation muss einen Datentypbezeichner einschließen, aber keine Attributbezeichner, da die Elemente nicht benannt sind. Die maximale Kardinalität ist eine Eigenschaft des Datentyps. Sie wird daher innerhalb des Symbols dargestellt.

Abbildung 8.7 beschreibt die verwendete Syntax der Pfeile.

Die Beziehungslinien unterscheiden sich in drei Typen. Die einfache Verwendung eines Typs als Datentyp für ein Attribut eines anderen Typs bezeichnen wir als *„uses"*, die Referenzierung eines Typs durch einen anderen bezeichnen wir als *„references"* und die Spezialisierung (Subtypenbildung) wird mit dem aus Klassendiagrammen bekannten Symbol dargestellt und ggf. zusätzlich als *„specializes"* bezeichnet. Alle drei Beziehungsarten sind gerichtet, was normale Assoziationen in UML-Diagrammen nicht sind. Kardinalitäten werden grundsätzlich nicht dargestellt, da sie – wie oben begründet – in die extensionale Sicht gehören. Allerdings sind Arrays und nested Tables von sich aus Typen, die für die Aufnahme mehrerer gleichartiger Werte zuständig sind.

In Abb. 8.8 wird der „Rest" des logischen Datenmodells angezeigt. Hier sind die Referenzen als spezielle Beziehungstypen verwendet worden, und das Symbol für die eingebettete Tabelle weicht ab von dem Symbol eines strukturierten Datentyps. Die Sprechblasen dienen der Erläuterung und könnten entfallen. Alternativ könnte man die referenzierenden Attribute in den Klassensymbolen weglassen und die Benennung der Pfeile beibehalten.

Abb. 8.7 Beziehungstypen in
der intensionalen Sicht

„uses"

Punkt zeigt zum
benutzten Typ

„specializes"

Pfeilspitze zeigt zum
Supertyp

„references"

Pfeilspitze zeigt zum
referenzierten Typ

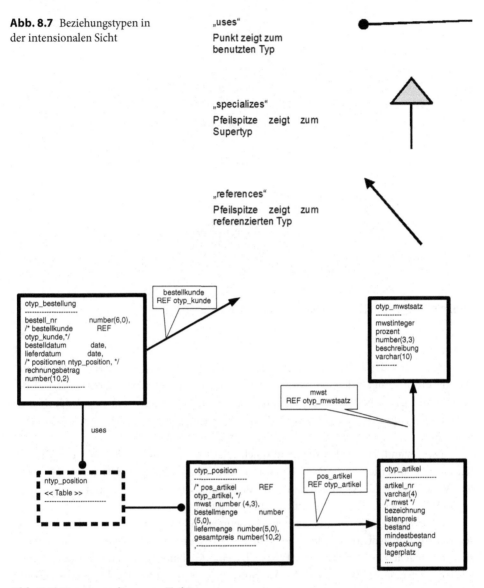

Abb. 8.8 Datentypendiagramm Teil 2

8.5 Dokumentation einer existierenden objektrelationalen Datenbank

Wer schon eine objektrelationale Datenbank hat, braucht eine Dokumentation derselben, sodass Informationen darüber, welche Typen es gibt, wie diese strukturiert sind und wie sie benutzt werden, verfügbar sind. Unser Ziel ist eine geschlossene Darstellung aller

```
TYPE_NAME
--------------------------------------------
OTYP_ADRESSE
        OTYP_KUNDE
                OTYP_BESTELLUNG
                OTYP_KUNDE_MIT_BANKEINZUG
            OTYP_KUNDE_MIT_BANKEINZUG
OTYP_GIROKONTO
        OTYP_KUNDE_MIT_BANKEINZUG
OTYP_MWSTSATZ
        OTYP_ARTIKEL
                OTYP_POSITION
                        NTYP_POSITION
                                OTYP_BESTELLUNG
VARR_TELEFONLISTE
        OTYP_KUNDE
                OTYP_BESTELLUNG
                OTYP_KUNDE_MIT_BANKEINZUG
            OTYP_KUNDE_MIT_BANKEINZUG

17 rows selected
```

Abb. 8.9 Datentypenhierarchie aus dem Systemkatalog angezeigt

Abhängigkeiten der selbstdefinierten Typen, nach Möglichkeit so, dass durch entsprechende Einrückungen deutlich wird, welche Typen von welchen anderen Typen in der Weise abhängen, dass sie sie benutzen, darauf mit einer Referenz verweisen oder dass sie sie spezialisieren. Abbildung 8.9 zeigt diese Auswertung. Die Frage ist nur, wie man sie bekommt.

Selbstverständlich werden in einem objektrelationalen Datenbanksystem die Metadaten über benutzerdefinierte Datentypen und ihre Verwendung im Systemkatalog gehalten. Verschiedene Views stehen dafür zur Verfügung, die von dem Besitzer des Schemas, zu dem die Typen und Objekttabellen gehören, abgefragt werden können.

Der View user_types zeigt alle benutzerdefinierten Datentypen an, wobei neben anderen Informationen auch der Obertyp erkennbar ist, sofern der abgefragte Typ eine Spezialisierung darstellt. Die Struktur eines Typs, d. h. seine Attribute, wird in user_type_attrs wiedergegeben. Dabei erscheinen alle Attribute, diejenigen mit Standarddatentypen ebenso wie die, deren Datentyp ein Objekttyp ist. Der View user_dependencies schließlich zeigt alle Abhängigkeiten innerhalb des Typsystems an, wozu auch die Verwendung von Objekttypen in Objekttabellen gehört, und dass ein Type Body (die Implementierung der Methoden) von der Typdeklaration abhängig ist etc. Was dieser View nicht zeigt, sind Typhierarchien im Sinne der Untertypenbildung. Genau das wollen wir aber erreichen. Um die folgende Ausgabe (Abb. 8.9) zu erhalten, sind daher ein paar Vorarbeiten notwendig.

Das folgende Listing zeigt die Definition eines VIEW, der bereits die nötigen Daten enthält. Die Definition beruht auf Oracle XE Version 11; für andere Versionen können leichte Abänderungen nötig sein. Für die strukturierte Ausgabe brauchen wir dann noch eine Abfrageanweisung, die anschließend wiedergegeben wird.

```
CREATE OR REPLACE VIEW user_dependency_ext2 AS
SELECT name, referenced_name,
       dependency_type
FROM USER_DEPENDENCIES ud1
WHERE TYPE = 'TYPE'
     AND referenced_owner = 'OOCHEF'
     AND type NOT LIKE '%BODY%'
     AND NOT EXISTS
            (SELECT * FROM user_types u2
             WHERE ud1.name = u2.type_name
             AND ud1.referenced_name =
             u2.supertype_name
             )
UNION
      SELECT type_name, supertype_name, 'SPEC'
      FROM user_types
      WHERE supertype_name IS NOT NULL
UNION
      SELECT type_name, NULL, NULL
      FROM user_types ut
      WHERE NOT EXISTS
(SELECT *
FROM USER_DEPENDENCIES ud
WHERE ut.type_name = ud.name
AND type NOT LIKE '%BODY%'
AND referenced_owner='OOCHEF'
);
-- OOCHEF ist hier der Name des Schemas
-- unter Oracle XE kann die Systemvariable
-- USER nicht verwendet werden.
-- Ggf. den Benutzernamen explizit angeben
```

Die den View erzeugende Abfrage besteht aus drei Teilen, die per UNION verbunden werden. Der erste Teil fragt die Tabelle user_dependencies ab und zeigt alle Typen, die dem Benutzer „gehören", wobei Abhängigkeiten des Type Body vom Typ ausgeblendet werden. Weggelassen werden auch die Typen, die durch Spezialisierung aus anderen Typen hervorgegangen sind. Diese werden im zweiten Teil hinzugefügt. Für das Attribut dependency_type geben wir dabei den Wert ‚SPEC' aus. Der letzte Teil zeigt die „Spitze" der Abhängigkeitshierarchie, nämlich die Typen, die in user_dependencies nicht vorkommen, weil sie nur Standarddatentypen benutzen. Dazu gehört beispielsweise otyp_adresse, der nur Attribute von Typ VARCHAR2 hat.

Die Ausgabe erfolgt schließlich mit dem folgenden Befehl, wobei mit der CONNECT BY-Klausel die innerhalb des VIEW enthaltene Hierarchie zwischen name und refe-renced_name ausgewertet wird.

```
SELECT LPAD(' ', 6*(level-1)) || name AS typename,
referenced_name, dependency_type, level
FROM user_dependency_ext2
START WITH referenced_name IS NULL
CONNECT BY PRIOR name = referenced_name;
```

8.6   Fazit

Objektrelationale Datenbanken sind der Versuch, mit relationaler Datenbanktechnik objektorientierte Konzepte abzubilden. Der Standard wie auch die gezeigte Version von Oracle gehen dabei Kompromisse ein, die sowohl vom Standpunkt der relationalen Welt als auch vom Standpunkt des objektorientierten Paradigmas erhebliche Abstriche von beiden Konzepten bedeuten. Der Umgang mit objektrelationalen Datenbanken, was die Datendefinition angeht, aber in fast noch größerem Maß, was die Manipulation (Abfrage, Änderung etc.) angeht, bringt einige Umständlichkeiten mit sich. Immerhin ist es mit strukturierten Datentypen beispielsweise möglich, XML-Datenstrukturen, die ja Hierarchien und Listen etc. enthalten können, gut abzubilden.

Syntaxnotation

A

Als formale Beschreibung für die Syntax der SQL-Anweisungen werden folgende Konventionen benutzt:

Schreibweise	Beispiel	Bedeutung
Großbuchstaben	SELECT	Schlüsselwort – ist so hinzuschreiben (beim Aufschreiben des Schlüsselwortes sind allerdings auch Buchstaben in Kleinschreibung zulässig).
Kleinbuchstaben	tabelle	Dieser Text ist durch eine entsprechende syntaktische Konstruktion zu ersetzen.
[ ]	DELETE FROM tabelle [WHERE bedingung]	Der Teil in eckigen Klammern kann fehlen.
|	DISTINCT | ALL	Genau eine der angegebenen Alternativen ist zu nehmen. Es können auch mehr als zwei Alternativen angegeben werden.
{ }	UPDATE tabelle SET spalte = wert {, spalte = wert}	Der Teil in geschweiften Klammern kann fehlen, einmal benutzt oder mehrfach wiederholt werden.
xyz-liste	spaltenliste	Ein Element von xyz oder mehrere Elemente von xyz; Elemente der Liste werden jeweils durch ein Komma getrennt.
::=	modus ::= IN | OUT | INOUT	Der Begriff links von ::= ist durch den Ausdruck auf der rechten Seite zu ersetzen.

Die Konstruktion xyz-liste ist eine Kurzschreibweise für xyz {, xyz}.

M. Unterstein und G. Matthiessen, *Anwendungsentwicklung mit Datenbanken*, eXamen.press, 167
DOI: 10.1007/978-3-642-39003-6, © Springer-Verlag Berlin Heidelberg 2013

Beispieldatenbank

B

Definition der Domänen und Tabellen Die folgenden Befehle erzeugen die Tabellen der Beispieldatenbank, die wir in diesem Buch verwenden. Die zugehörige Befehlsdatei CreateTable12.sql kann vom Verlagsserver heruntergeladen werden. Dort finden sich auch weitere Versionen für andere Datenbanksysteme und eine englische Fassung der Datenbank.

```
-- ----------------------------------------------------------
--  Datenbank :  VERSANDHANDEL
--  Version:     2012
--  Standard:    SQL:1999
--  getestet fuer folgende Systeme:
--      H2          Version 1.3
--      HSQLDB      Version 2.2.8
--      PostgreSQL  Version 9.1


-- ----------------------------------------------------------
-- ----------------------------------------------------------
--  Table : KUNDE  --
-- ----------------------------------------------------------
CREATE TABLE kunde (
    kunden_nr           INTEGER       NOT NULL,
    status              CHAR(1)       NOT NULL,
    name                VARCHAR(30)   NOT NULL,
    strasse             VARCHAR(30)   NOT NULL,
    plz                 CHAR( 5)      NOT NULL,
    ort                 VARCHAR(25)   NOT NULL,
    letzte_bestellung   DATE,
    letzte_werbeaktion  DATE,
    zahlungsart         CHAR(1)       NOT NULL,
    CONSTRAINT PK_kunde PRIMARY KEY(kunden_nr),
    CONSTRAINT CH_kund_status CHECK (status IN ('W','G','S')),
            -- Werbemassnahme, Gelegenheitskunde, Stammkunde
    CONSTRAINT CH_kund_zahlung
      CHECK (zahlungsart IN ('R','B','N','V','K'))
    --  Rechnung, Bankeinzug, Nachnahme, Vorkasse, Kreditkarte


);
```

M. Unterstein und G. Matthiessen, *Anwendungsentwicklung mit Datenbanken*, eXamen.press, 169
DOI: 10.1007/978-3-642-39003-6, © Springer-Verlag Berlin Heidelberg 2013

```
-- ------------------------------------------------------------
-- Table : Girokonto
-- ------------------------------------------------------------
CREATE TABLE girokonto(
    kunden_nr                INTEGER        NOT NULL,
    kontoinhaber             VARCHAR(30)    NOT NULL,
    blz                      CHAR(8)        NOT NULL,
    kontonr                  CHAR(10)       NOT NULL,
    CONSTRAINT PK_girokonto  PRIMARY KEY (kunden_nr),
    CONSTRAINT FK_giro_kunde
        FOREIGN KEY (kunden_nr) REFERENCES kunde(kunden_nr)
            ON UPDATE CASCADE
            ON DELETE CASCADE

    );


-- ------------------------------------------------------------
-- Table : Bestellung
-- ------------------------------------------------------------
CREATE TABLE bestellung (
    bestell_nr         INTEGER       NOT NULL,
    kunden_nr          INTEGER       NOT NULL,
    bestelldatum       DATE          DEFAULT CURRENT_DATE
                                     NOT NULL,
    lieferdatum        DATE,
    rechnungsbetrag    DECIMAL(15,2),
    CONSTRAINT PK_bestellung PRIMARY KEY(bestell_nr),
    CONSTRAINT FK_best_kunde
        FOREIGN KEY (kunden_Nr) REFERENCES kunde(kunden_nr)
            ON DELETE RESTRICT
            ON UPDATE CASCADE

    );



-- ------------------------------------------------------------
-- Table : MWStSatz
-- ------------------------------------------------------------
CREATE TABLE mwstsatz (
    mwst               SMALLINT      NOT NULL,
    prozent            DECIMAL(3,2)  NOT NULL,
    beschreibung       VARCHAR(10)   NOT NULL,
    CONSTRAINT PK_mwstsatz  PRIMARY KEY (mwst)

    );
```

```
-- ------------------------------------------------------------
-- Table : Artikel
-- ------------------------------------------------------------
CREATE TABLE artikel (
    artikel_nr          CHAR(4)        NOT NULL,
    mwst                SMALLINT       NOT NULL,
    bezeichnung         VARCHAR(20)    NOT NULL,
    listenpreis         DECIMAL(15,2)  NOT NULL,
    bestand             INTEGER        NOT NULL,
    mindestbestand      INTEGER        NOT NULL,
    verpackung          VARCHAR(10),
    lagerplatz          SMALLINT,
    kann_wegfallen      BOOLEAN,
    bestellvorschlag    TIMESTAMP,
    nachbestellung      TIMESTAMP,
    nachbestellmenge    INTEGER,
    CONSTRAINT PK_artikel   PRIMARY KEY (artikel_nr),
    CONSTRAINT FK_arti_mwstsatz
        FOREIGN KEY (mwst) REFERENCES mwstsatz(mwst)
            ON UPDATE CASCADE
            ON DELETE RESTRICT,
    CONSTRAINT CH_arti_nbmenge CHECK (nachbestellmenge > 0)

    );


-- ------------------------------------------------------------
-- Table : Bestellposition
-- ------------------------------------------------------------
CREATE TABLE bestellposition (
    bestell_nr          INTEGER        NOT NULL,
    artikel_nr          CHAR(4)        NOT NULL,
    mwst                DECIMAL(3,3),
                        -- aus Artikeltabelle zu uebernehmen
    bestellmenge        INTEGER        NOT NULL,
    liefermenge         INTEGER,
    gesamtpreis         DECIMAL(15,2),
    CONSTRAINT PK_bestpos
        PRIMARY KEY (bestell_nr, artikel_nr),
    CONSTRAINT FK_posi_bestellung
        FOREIGN KEY (bestell_nr)
            REFERENCES bestellung(bestell_nr)
            ON UPDATE CASCADE
            ON DELETE CASCADE,
    CONSTRAINT FK_posi_artikel  FOREIGN KEY (artikel_nr)
        REFERENCES artikel(artikel_nr),
    CONSTRAINT CH_posi_bestellmenge
        CHECK (bestellmenge > 0),
    CONSTRAINT CH_posi_liefermenge
        CHECK (liefermenge BETWEEN 0 AND bestellmenge)

    );
```

Tabellarische Darstellung der Relationen

Artikel

artikel_nr	mwst	bezeichnung	listenpreis	bestand	mindestbestand	verpackung	lagerplatz	kann_wegfallen
G001	2	Whisky	38,50	397	50	0,7 l	7	Nein
G002	2	Portwein	12,45	473	100	0,5 l	7	Nein
G003	2	Bier	5,20	1250	250	6er-Pack	7	Nein
K001	2	Schuhe	98,50	120	25	Karton	2	Nein
K002	2	Hose	112,80	62	25		2	Nein
K003	2	Damenhut	65,70	12	20	Karton	2	Nein
K004	1	Sonnenbrille	76,00	50	20	Karton	2	Nein
L001	1	Ceylon-Tee	6,35	356	100	125 g	5	Nein
L002	1	China-Tee	8,35	42	50	125 g	5	Nein
L003	1	Naturreis	1,78	345	0	1 kg	4	Nein
L004	2	Schokolade	0,98	2101	1000	Tafel	2	Nein
L005	2	Butterkekse	1,72	234	250	250 g	2	Nein

MwStSatz

mwSt	prozent	beschreibung
0	0	ohne
1	0,07	halbe
2	0,19	volle

Kunde – Teil 1

kunden_nr	status	name	strasse	plz	ort
100	S	Voss, Hans	Kuhdamm 12	23863	Nienwohld
101	S	Stein, Peter	Moordamm 34	23863	Kayhude
102	W	Berger, Uwe	Allee 12 b	25813	Husum
103	S	Randers, Nis	Am Seeufer 12	23845	Oering
104	G	Andresen, Ute	Am Abhang	24558	Ulzburg
105	S	Stuff, Werner	Tarper Weg	24853	Eggebek
106	W	Staack, Hannes	An der Alster 1	23863	Kayhude

Kunde – Teil 2

kunden_nr	letzte_bestellung	letzte_werbeaktion	zahlung
100		01.12.2011	N
101	28.04.2012	01.12.2011	B
102		01.12.2011	N
103	15.05.2012		B

(Fortsetzung)

kunden_nr	letzte_bestellung	letzte_werbeaktion	zahlung
104			N
105	12.05.2012		R
106		01.12.2011	N

Girokonto

kunden_nr	konto_inhaber	blz	kontonr
101	Dagmar Stein	23410022	12346789
103	Tetsche Wind	23410112	20001234

Bestellung

bestell_nr	kunden_nr	bestelldatum	lieferdatum	rechnungsbetrag
151	101	28.04.2012	02.05.2012	200,67
152	103	30.04.2012	02.05.2012	2304,36
153	105	12.05.2012		
154	103	15.05.2012		

Bestellposition

bestell_nr	artikel_nr	mwst	bestellmenge	liefermenge	gesamtpreis
151	G002	0.190	4	4	49.80
151	G003	0.190	3	3	15.60
151	K002	0.190	3	0	0.00
151	K003	0.190	1	1	65.70
151	L002	0.070	10	5	41.75
152	K001	0.190	10	10	985.00
152	K003	0.190	2	2	131.40
152	K004	0.070	12	12	912.00
153	G001		2		
153	L002		6		
153	L003		25		
153	L004		5		
154	G001		4		
154	G002		12		
154	G003		1		

Literaturverzeichnis

[Balz00]   Balzert, H.: Lehrbuch der Software-Technik, 2. Aufl. Spektrum Akademischer Verlag (2000)

[Catt97]   Cattell, R.G.: Object Database Standard ODMG 2.0. Morgan Kaufmann (1997)

[CHRS98]   Christiansen, a., Höding, M., Rautenstrauch, C., Saake, G.: Oracle 8 effizient einsetzen. Addison Wesley Longman, Reading (1998)

[DaDa00]   Date, C.J., Darwen, H.: Foundation for Future Database Systems – the third Manifesto. Addison Wesley Longman, Reading (2000)

[Date90]   Date, C.J.: An Introduction to Database Systems, 5. Aufl. Addison Wesley (1990)

[FePD05]   Feuerstein, S., Pribyl, B., Dawes, C.: Oracle PL/SQL kurz und gut. O'Reilly (2005)

[Fran03]   Frank, U.: Ebenen der Abstraktion und ihre Abbildung auf konzeptionelle Modelle. in EMISA FORUM Ausgabe 2003/2 – Mitteilungen der GI-Fachgruppe ‚Entwicklungsmethoden für Informationssysteme und deren Anwendung' (2003)

[JäHe02]   Jähnichen, S., Herrmann, S.: Was, bitte, bedeutet Objektorientierung? in Informatik-Spektrum, Springer, Heidelberg (2002)

[KrHa11]   Krüger, G., Hansen, H.: Handbuch der Java-Programmierung – Standard Edition Version 7, 7. Aufl. http://www.javabuch.de/ Addison Wesley (2011)

[Kudr07]   Kudraß, T.: Taschenbuch Datenbanken. Hanser Verlag (2007)

[Melt98]   Melton, J.: Understanding SQL's Stored Procedures – A Complete Guide to SQL/PSM. Morgan Kaufmann Publishers (1998)

[MeSi02]   Melton, J., Simon, A.R.: SQL: 1999 – Understanding Relational Language Components. Morgan Kaufmann Publishers (2002)

[Rako07]   Rako, T.: Datenbanken im Web. In: [Kudraß, T.: Taschenbuch Datenbanken. Hanser Verlag (2007), S. 198–238]

[RiHS05]   Richter, J.-P., Haller, H., Schrey, P.: Serviceorientierte Architektur. http://www.gi.de/service/informatiklexikon/detailansicht/article/serviceorientierte-architektur.html (2005). Zugegriffen: 6. Aug 2013

[SaSH10]   Saake, G., Sattler, K., Heuer, A.: Datenbanken Konzepte und Sprachen. Mitp (2010)

[Satt07]   Sattler, K.-U.: Komponenten eines Datenbankmanagementsystems. In: [Kudraß, T.: Taschenbuch Datenbanken. Hanser Verlag (2007), S. 239–280]

[ScSc83]   Schek, H.-J., Scholl, M.: Die NF2-Relationenalgebra zur einheitlichen Manipulation externer, konzeptueller und interner Datenstrukturen. In: [Sprachen für Datenbanken: Fachgespräch auf d. 13. GI-Jahrestagung, Hamburg, 3–7. Okt 1983. In: von Schmidt, J.W. (Hrsg.) Springer, Berlin (1983) – (Informatik-Fachberichte: 72), S. 113–133] (1983)

M. Unterstein und G. Matthiessen, *Anwendungsentwicklung mit Datenbanken*, eXamen.press,   175
DOI: 10.1007/978-3-642-39003-6, © Springer-Verlag Berlin Heidelberg 2013

[ScSc90]   Scholl, M., Schek, H.-J.: Evolution von Datenmodellen: Relational … geschachtelt
              (NF2) relational … objektorientiert? HMD: Praxis der Wirtschaftsinformatik
              27(152), 103–115 (1990)

[Schm83]   Sprachen für Datenbanken: Fachgespräch auf d. 13. GI-Jahrestagung, Hamburg,
              3–7. Okt 1983. In: von Schmidt, J.W. (Hrsg.) Springer, Berlin (1983) – (Informatik-
              Fachberichte: 72)

[Ulle12]   Ullenboom, C.: Java ist auch eine Insel, 10. Aufl. Galileo Computing (2012)

[UnMa12]   Unterstein, M., Matthiessen, G.: Relationale Datenbanken und SQL in Theorie und
              Praxis, 5. Aufl. Springer (2012)

[Unte10]   Unterstein, M.: Widersprüche. SOA Entwurfsprinzipien versus Datenintegrität.
              Database Pro 5/2010. Verlag Neue Medien, Ulm (2010)

Sachverzeichnis

M. Unterstein und G. Matthiessen, *Anwendungsentwicklung mit Datenbanken*, eXamen.press,   177
DOI: 10.1007/978-3-642-39003-6, © Springer-Verlag Berlin Heidelberg 2013

Lizenz zum Wissen.

Sichern Sie sich umfassendes Technikwissen mit Sofortzugriff auf tausende Fachbücher und Fachzeitschriften aus den Bereichen: Automobiltechnik, Maschinenbau, Energie + Umwelt, E-Technik, Informatik + IT und Bauwesen.

Exklusiv für Leser von Springer-Fachbüchern: Testen Sie Springer für Professionals 30 Tage unverbindlich. Nutzen Sie dazu im Bestellverlauf Ihren persönlichen Aktionscode C0005406 auf *www.springerprofessional.de/buchaktion/*

Jetzt
30 Tage
testen!

Springer für Professionals.
Digitale Fachbibliothek. Themen-Scout. Knowledge-Manager.

- Zugriff auf tausende von Fachbüchern und Fachzeitschriften
- Selektion, Komprimierung und Verknüpfung relevanter Themen durch Fachredaktionen
- Tools zur persönlichen Wissensorganisation und Vernetzung

www.entschieden-intelligenter.de

Springer für Professionals

 Springer